자기 수양의 지침서

청학동 명심보감

김승호 편저

도서출판 선영사

머리말

　동양 사상 중에서도 유교 사상은 도(道)와 인(仁)과 의(義)를 인생의 근본 철학으로 삼고 있다.

　명심보감은 자기 수양의 지침서로서 장구한 세월 동안 전해져 내려왔다. 말 그대로 우리의 마음을 밝게 비추어 주는 보배로운 거울과 같은 귀중한 책으로 올바른 처세를 위한 좌우명, 인생에 지혜가 될 만한 말씀들을 다양하게 수록해 놓고 있다. 또 이 글에는 유교 사상과 도교 사상이 뒤섞여 있기도 하다.

　명심보감의 편저자는 중국 명(明)나라의 학자 범입본(范立本)이라는 사실이 밝혀졌다. 그러나 그 내용 중 진수만을 간추린 초략본이 오랫동안 전해져 내려왔다. 이 초략본의 편자는 고려 충렬왕(忠烈王) 때의 학자인 추적(秋適) 선생이다.

　이 책은 인생을 천리(天理)에 순응시켜 선악을 분별하며 몸가짐을 올바르게 닦도록 우리를 이끌 것이다.

　그러므로 이 책을 숙독하여 향기롭고 지혜로운 삶의 교훈들로 삼기를 간절히 바란다.

1997년

編著

차례

___

청학동 명심보감

子孝雙親樂
家和萬事成

丁丑年　白雲　李相麒

一 繼善篇(계선편)

　　계선편은 선행록이다. 선을 행하려면 노력이 필요하다. 선은 남을 위해서라기보다 나 자신을 위한 것임을 깨닫고 노력해야 할 것이다. 계선(繼善)이란 끊이지 않고 선을 이어가라는 뜻이다.

1.

자 왈 위 선 자 　 천 보 지 이 복
子曰, 爲善者는 天報之以福하고

위 불 선 자 　 천 보 지 이 화
爲不善者는 天報之以禍니라.〔孔子(공자)〕

【註釋】

· 孔子(공자) : B. C. 552~479 춘추시대(春秋時代) 노(魯)나라에서 태어남. 이름은 구(丘), 자는 중니(仲尼). 후에 제자들이 그의 언행을 기록하여 놓은 논어(論語)가 있다.

· 天(천) : 하늘, 하느님.

· 禍(화) : 재앙.

【對譯】

공자가 말씀하시기를,

"착한 일을 하는 사람에게는 하늘이 복으로써 이를 갚고, 악한 일을 하는 사람에게는 하늘이 재앙으로써 이를 갚느니라."
라고 하였다.

즉, 불행과 비운이 닥쳐온다는 것은 자업자득의 이치임을 가리킨다.

2,
漢昭烈이 將終에 勅後主曰,
한 소 열　　　 장 종　　 칙 후 주 왈

勿以善小而不爲하고
물 이 선 소 이 불 위

勿以惡小而爲之하라.〔漢昭烈(한소열)〕
물 이 악 소 이 위 지

【註釋】

勅 조서　　　칙

• 漢昭烈(한소열) : 중국 촉한(蜀漢)의 첫 임금인 소열황제. 성은 유(劉), 이름은 비(備)이다.
• 勅(칙) : 임금이 내리는 글.
• 後主(후주) : 소열황제의 아들.

【對譯】

한(漢)나라의 소열황제(昭烈皇帝)가 임종 때에 그의 아들에게 조칙을 내려서 말씀하셨다.

"착한 일이 작다 해서 이를 행하지 않으면 안 되고, 악한 일이 작다고 해서 이를 행하여서는 안 되느니라."

즉, 작은 것의 존재를 하찮게 여기지 말라는 것이다.

3.
莊子曰, 一日不念善이면 諸惡이
皆自起니라.〔莊子(장자)〕

【註釋】

• 莊子(장자) : 기원전 중국 전국시대(戰國時代)의 사상가, 도학자. 인생은 모두 숙명설(宿命說)을 취하였다.
• 諸惡(제악) : 온갖 악.

【對譯】

장자가 말씀하시기를,
"하루라도 착한 일을 생각하지 않는다면 모든 악이 다 저절로 일어날 것이니라."
라고 하였다.

즉, 나쁜 생각을 하게 되면 자연히 나쁜 행동을 하게 된다는 것을 경계한 글이다.

4.

┌───┐
태공 왈 견선여갈 문악여롱
太公이 **曰, 見善如渴**하고 **聞惡如聾**하라

우 왈 선 사 수 탐
又曰, 善事란 **須貪**하고

악 사 막 락
惡事란 **莫樂**하라. 〔太公(태공)〕
└───┘

【註釋】

• **太公**(태공) : 중국 주(周)나라 정치가. 속칭은 강태공(姜太公).
• **如渴**(여갈) : 목마른 것같이 하다. 즉, 급히 서둔다.

【對譯】

태공이 말하기를,

"착한 일을 보면 목마른 사람이 물을 찾듯이 주저하지 말며, 악한 것을 들으면 귀머거리인 것처럼 하라. 착한 일이란 모름지기 탐내야 하고 악한 일은 즐겨하지 말지니라."
라고 하였다.

즉, 선을 실천하는 의지를 강조한 교훈이다.

5.

^{마 원} ^왈 ^{종 신 행 선} ^{선 유 부 족}
馬援이 曰, 終身行善이라도 善猶不足이요
^{일 일 행 악} ^{악 자 유 여}
一日行惡이라도 惡自有餘니라.〔馬援(마원)〕

【註釋】

- 馬援(마원) : B.C. 11~A.D. 49. 후한(後漢) 사람으로 광무제(光武帝)를 도운 유명한 장군.
- 猶(유) : 오히려.

【對譯】

마원이 말하기를,
"한평생 착한 일을 행하여도 착한 것은 오히려 부족하고, 하루 동안만 악한 일을 행하여도 악은 그대로 남느니라."
라고 하였다.

즉, 아주 작은 것일지라도 악을 행해서는 안 된다는 뜻이다.

6.

司馬溫公이 曰, 積金以遺子孫이라도

未必子孫이 能盡守요 積書以遺子孫이라도

未必子孫이 能盡讀이니

不如積陰德於冥冥之中하야

以爲子孫之計也니라.〔司馬溫公(사마온공)〕

【註釋】

- 司馬溫公(사마온공) : 1019~1086. 중국 북송(北宋) 때의 정치가.
- 冥冥之中(명명지중) : 어두워 나타나지 않는 가운데. 역시 남모르게의 뜻임.
- 子孫之計(자손지계) : 후손이 잘 살 수 있도록 하기 위한 원대한 계획.

【對譯】

사마온공이 말하기를,

"많은 돈을 모아서 자손에게 남겨준다고 해도 자손이 반드시 그 돈을 능히 지킬 수 없고, 많은 책을 모아서 자손에게 남겨준다고 해도 자손이 반드시 그 책을 능히 모두 읽는다고 볼 수 없다. 그러므로 남모르게 음덕을 쌓아서 자손을 위함만 같지 못하느니라."
라고 하였다.

즉, 부와 권세는 바람과 같을지라도 덕은 영원하다.

7.

景行錄에 曰, 恩義를 廣施하라

人生何處不相逢이니 讐怨을 莫結하라

路逢狹處면 難回避니라.〔景行錄(경행록)〕

【註釋】

施 베풀 시

讐 원수 수

• **景行錄**(경행록) : 중국 송(宋)나라 때의 책으로 떳떳하고 밝은
  행위를 하라고 가르침.
• **莫結**(막결) : 맺지 말라는 뜻.

【對譯】

경행록에 말하기를,
'은혜와 의리를 널리 베풀도록 하라. 인생이 살다 보면 어느

곳에서 서로 만나지 않으랴. 원수와 원한을 맺지 말라. 좁은 길
에서 만나게 되면 피하기 어려우니라.'
라고 하였다.

즉, 남을 해친다든지 하면 마음이 편치 않을 뿐만 아니라 보
복을 두려워해서 한시도 안심하고 살 수가 없다.

8.

장자왈 어아선자 아역선지
莊子曰, 於我善者도 我亦善之하고

어아악자 아역선지 아기어인
於我惡者도 我亦善之니라 我旣於人에

무악 인능어아 무악재
無惡이면 人能於我에 無惡哉인저. 〔莊子(장자)〕

【註釋】

• 我亦(아역) : 나 또한. 나 역시.
• 善之(선지) : 그에게 착하게 하다.
• 哉(재) : 감탄의 어조사. 없을 것이다.

【對譯】

장자가 말하기를,
"내게 착하게 하는 사람에게는 나 또한 착하게 대하고, 내게
악하게 하는 사람에게도 나는 또한 착하게 대할 것이다. 내가

먼저 남에게 악하게 함이 없으면 남도 능히 나에게 악하게 함
이 없을지니라.”
라고 하였다.

즉, 원수에게도 은혜를 베풀라.

9.

東岳聖帝垂訓에 曰, 一日行善이라도

福雖未至나 禍自遠矣오 一日行惡이라도

禍雖未至나 福自遠矣니 行善之人은

如春園之草하여 不見其長이라도

日有所增하고 行惡之人은

如磨刀之石하여 不見其損이라도

日有所虧이니라. 〔東岳聖帝垂訓(동악성제수훈)〕

【註釋】

增 더할 증

磨 맷돌 마

損 덜 손

・東岳聖帝(동악성제) : 도가(道家) 중의 한 사람.

・垂訓(수훈) : 훈계를 내리는 것.

・虧(휴) : 이지러지다.

【對譯】

　　동악성제가 훈계를 내려 말하기를,

　　"하루 착한 일을 행할지라도 복은 비록 곧 따르지 아니하나 화는 저절로 멀어지게 되리라. 하루 악한 일을 행할지라도 화는 비록 따르지 않으나 복은 저절로 멀어지게 되리라. 선을 행하는 사람은 봄 동산의 풀과 같아서 그 풀이 자라나는 것은 보이지 않으나 날로 더하는 바가 없고, 악을 행하는 사람은 칼을 가는 숫돌과 같아서 갈리어서 닳아 없어지는 것이 보이지 않아도 날로 이지러지는 바가 있느니라."
라고 하였다.

　　즉, 선을 행한다는 것은 재앙을 멀리하고 복이 오게 하는 지름길이니 우리는 언제나 이 선을 행하기에 힘써야 할 것이다.

10.

子曰, 見善如不及하고 見不善如探湯하라.

【註釋】

· 不及(불급) : 미치지 못한다.
· 探湯(탐탕) : 손으로 끓는 물을 만지는 것.

【對譯】

　　공자가 말씀하시기를,

  "선한 일을 보거든 아직 미치지 못하는 것처럼 하고, 악한
일을 보거든 끓는 물을 만지는 것처럼 하라."
라고 하였다.

  즉, 악한 일을 보았을 때는 끓는 물에 손이라도 댄 것처럼
생각해서 이를 멀리해야 한다.

二 | 天命篇(천명편)

　　하늘의 뜻에 따르는 사람은 살아남고 하늘의 뜻을 거역하는 사람은 망한다는 이 한 구절에 집약되어 있다고 볼 수 있다. 인간은 살아 있는 동안 천도(天道)를 따라야 한다는 것이 이 편(篇)의 의지이다.

1.

　　　자 왈　순 천 자　　존　　　역 천 자　　망
子曰, 順天者는 存하고 逆天者는 亡이니라.

【註釋】

· 順天者(순천자) : 천명(天命)에 순종하는 사람.
· 存(존) : 살아남는다는 뜻. 존재하다.

【對譯】

　　공자가 말씀하시기를,
　　"하늘을 따르는 자는 살아남고, 하늘을 거역하는 자는 망할지니라."
　　라고 하였다.

즉, 천명을 부여받은 사람만이 나라를 다스릴 수 있다고 믿
었던 것이다.

2.

康節邵先生이 曰, 天聽이 寂無音하니

蒼蒼何處尋고 非高亦非遠이라

都只在人心이니라.〔康節邵(강절소)〕

【註釋】

蒼　우거질　　　　창

尋　찾을　　　　　심

- 康節邵(강절소) : 1011~1077. 중국 송(宋)나라 때의 유학자.
- 寂無音(적무음) : 고요하여 아무런 소리가 없는 것.
- 蒼蒼(창창) : 멀고도 아득함.
- 都(도) : 모두, 다.

【對譯】

강절소 선생이 말씀하시기를,

"하늘의 들으심은 고요하여 소리가 없도다. 멀고 아득한데

어느 곳에서 찾을 것인가. 이것은 높지도 않고 또한 멀지도 않
으니 이 모두가 다만 사람의 마음속에 있는 것이니라."
라고 하였다.

즉, 하늘이 마음속에 있다는 것은 결국 우주의 근본 섭리가
마음에 내재되어 있다는 의미이다.

3.

玄帝垂訓에 曰, 人間私語에도 天聽은
若雷하고 暗室欺心이라도 神目은
如電이니라.〔玄帝(현제)〕

【註釋】

垂 드리울   수
欺 속일   기

・玄帝(현제) : 도가(道家)에서 받들어 모시는 신.
・若雷(약뢰) : 우레와 같다.

【對譯】

현제가 훈계를 내려 말하기를,

“사람의 사사로운 말일지라도 하늘의 들으심은 우레와 같고, 어두운 방 속에서 마음을 속일지라도 귀신의 눈은 번개와 같으니라.”
라고 하였다.

즉, 낮말은 새가 듣고 밤말은 쥐가 듣는다는 말이 있다. 남이 보지 않고 듣지 않는 곳이라 할지라도 말과 행동을 삼가야 함을 일러주는 글이다.

4.

^{익 지 서　　운　 악 관　　약 만}
益智書에 云, 惡鑵이 若滿이면
^{천 필 주 지}
天必誅之니라.〔益智書(익지서)〕

【註釋】

• 益智書(익지서) : 중국 송나라 때의 책.
• 惡鑵(악관) : 악한 마음.
• 誅(주) : 벌을 내리다.

【對譯】

　익지서에 이르기를,
　'만일 악한 마음이 가득 차면 하늘이 반드시 벌을 내리리라.'
라고 하였다.

5.

^{장 자 왈　 약 인　　작 불 선　　　득 현 명 자}
莊子曰, 若人이 作不善하여 得顯名者는
^{인 수 불 해　　천 필 륙 지}
人雖不害나 天必戮之니라.〔莊子(장자)〕

【註釋】

莊 바를　　　　　장

戮 죽일　　　　　　　륙

· 顯名(현명) : 이름을 나타냄.
· 戮(륙) : 살륙.

【對譯】

장자가 말씀하시기를,
"만일 사람이 착하지 못한 일을 하여 그 이름을 세상에 나타냈다면 다른 사람이 비록 그를 해치지 않는다 해도 하늘이 반드시 그를 죽일 것이니라."
라고 하였다.

6.
　　종과득과　　　종두득두　　천망　　회회
種瓜得瓜하고 種豆得豆니 天網이 恢恢하야
　　소이불루
疎而不漏니라.

【註釋】

疎 드물　　　　　　　소
漏 빠뜨릴　　　　　　　루

· 種瓜(종과) : 오이씨.

- **天網**(천망) : 하늘의 그물, 하늘의 섭리.
- **恢恢**(회회) : 넓고 넓음.

【對譯】

　오이씨를 심으면 오이를 얻고, 콩을 심으면 콩을 얻는다. 하늘의 그물은 넓고 넓어서 그 그물눈이 성기지만 빠뜨리지는 않느니라.

　즉, 악을 행하면 재앙이 돌아오는 것은 변함없는 법칙인 것이다.

7.
子曰, 獲罪於天이면
無所禱也이니라.〔孔子(공자)〕

【註釋】

 獲　얻을　　　　획

禱　빌　　　　　도

- **獲罪**(획죄) : 죄를 얻다.
- **無所禱**(무소도) : 호소할 곳이 없다는 말.

【對譯】

공자가 말씀하시기를,
"악한 일을 하여 하늘에 죄를 얻으면 잘못을 빌 곳이 없느니라."
라고 하였다.

즉, 악한 일을 저지르지 말 것을 교훈하는 것이다.

三　順命篇(순명편)

　　이 편은 이미 하늘로부터 주어진 운명에 순응한다는 뜻이다. 자기가 할 수 있는 최선을 다하고 그 다음에는 천명을 기다린다는 정신으로 살아간다면 행복을 얻을 수 있다〔盡人事而待天命(진인사이대천명)〕는 것이다.

1.
　子曰, 死生이 有命이요 富貴는 在天이니라.

【註釋】

- **有命**(유명) : 운명에 달려 있다.
- **在天**(재천) : 하늘의 뜻에 달려 있다.

【對譯】

　　공자가 말씀하시기를,
　　"죽고 사는 것은 명에 달려 있고, 부귀는 하늘의 뜻에 달려 있느니라."
　　라고 하였다.

즉, 사람으로서 할 일을 다한 후에 천명을 기다려야 할 것을
강조한 것이다.

2.

만 사 분 이 정　　　부 생 공 자 망

萬事分已定이어늘 浮生空自忙이니라.

【註釋】

- 浮生(부생) : 덧없는 인생.
- 空(공) : 부질없이.

【對譯】

세상의 모든 일은 이미 그 분수가 정해져 있는데 세상 사람
들은 부질없이 스스로 바쁘게 돌아다닌다.

즉, 뜬구름 같은 부귀 공명을 얻기 위해 허덕이는 어리석음
을 저지르지 말라는 뜻이다.

3.

경 행 록　　운　화 불 가 행 면

景行錄에 云, 禍不可倖免이요

복 불 가 재 구

福不可再求니라.〔景行錄(경행록)〕

【註釋】

· **倖免**(행면) : 요행히 면하는 것.
· **再求**(재구) : 다시 얻는 것.

【對譯】

경행록에 이르기를,
'화는 가히 요행으로는 면하지 못하고, 복은 가히 두 번 다시 구하지 못하리라.'
라고 하였다.

즉, 이미 한번 지나가 버린 복은 두 번 다시 돌이킬 수 없는 것이 인간이 사는 세상사라는 뜻이다.

4.

^{시 래 풍 송 등 왕 각}　　　^{운 퇴 뢰 굉 천 복 비}
時來風送滕王閣이요 運退雷轟薦福碑라.

【註釋】

送	보낼	송
轟	울릴	굉
薦	꽂을	천

- **滕王閣**(등왕각) : 지금의 강서성(江西省) 남창현(南昌縣)에 있음.
- **薦福碑**(천복비) : 구양순(歐陽詢)이 비문을 썼다고 전해진다.
- **王勃**(왕발) : 당(唐)나라 때의 시인(詩人). 등왕각서(滕王閣序)를 지음.

【對譯】

　때가 오매 바람이 일어 등왕각으로 보내어 주고, 운이 따르지 않으매 천복비에도 벼락이 떨어진다.

　글 내용은 왕발(王勃)이 순풍을 만나 등왕각에 가서 서문을 지어 이름을 높이고, 반대로 가난한 선비는 천복비에 벼락이 떨어져서 비석문이 깨어져 천신만고가 수포로 돌아가고 지독한 고생도 물거품이 되고 만다는 것이다.

　즉, 사람은 운명을 무시할 수 없다는 것이다.

5.

_{열 자 왈 치 롱 고 아   가 호 부}
列子曰, 痴聾痼啞도 家豪富요

_{지 혜 총 명   각 수 빈}
智慧聰明도 却受貧이라

_{연 월 일 시 해 재 정}
年月日時該載定하니

_{산 래 유 명 불 유 인}
算來由命不由人이니라.

【註釋】

聾 귀먹을 롱

豪 뛰어날 호

- **列子**(열자) : 중국 전국시대 초기 노(魯)나라의 철학자.
- **却**(각) : 도리어, 오히려.
- **載定**(재정) : 운명은 정해져 있는 것이라는 뜻.
- **算來**(산래) : 따지고 보면.

【對譯】

열자가 말씀하시기를,

"어리석고 귀먹고 고질(痼疾)이 있고 벙어리인데도 집은 큰 부자요, 지혜롭고 총명하건만 도리어 가난하다. 운수는 해와 달과 날과 시로써 분명히 정해져 있으니, 따지고 보면 부귀와 가

난함은 사람의 뜻에 연유된 것이 아니라 하늘의 뜻에 달린 것
이니라."
라고 하였다.

   즉, 모든 일에 탐욕을 갖지 말고 겸허한 자세를 가지라는 뜻
이다.

四 孝行篇(효행편)

　이 편에서는 효의 중요성을 설파하고 있다. 어버이에게 효도를 다한다면 그 가정은 화목과 번영을 누릴 수 있을 것이다. 공자는 진정한 효란 정치에까지 영향을 미친다고 했다.

1.
詩에 曰, 父兮生我하시고 母兮鞠我하시니
哀哀父母여 生我劬勞샷다 欲報深恩인대
昊天罔極이로다. 〔詩經(시경)〕

【註釋】

昊 하늘　　호

· 鞠(국) : 기르다.
· 劬勞(구로) : 애쓰고 수고하다.
· 詩經(시경) : 오경(五經)의 하나. 공자가 저술함.

【對譯】

시경에 이르기를,

'아버지 나를 낳으시고 어머니 나를 기르시니, 아아 애달프다. 어버이시여, 나를 낳아 기르시느라 얼마나 애쓰셨으랴. 그 깊은 은혜를 갚고자 하나 그 은혜 하늘과 같이 다함이 없도다.' 라고 하였다.

즉, 자식이 저 넓은 하늘과 같이 끝없는 부모의 은혜에 보답하고자 하나 그 길이 없으니 안타깝다는 뜻이다.

2.
子曰, 孝子之事親也는 居則致其敬하고
養則致其樂하고 病則致其憂하고
喪則致其哀하고 祭則致其嚴이니라.〔孔子(공자)〕

【註釋】

喪 슬플　　　상

祭 제사　　　제

• 事親(사친) : 어버이를 섬기는 것.
• 致(치) : 다하는 것.

【對譯】

공자가 말씀하시기를,

"효자가 어버이를 섬기는 것은 그 기거하심에는 공경을 다하고 봉양함에는 즐거움을 다하고 병에 걸리셨을 때에는 근심을 다하고, 돌아가실 때에는 슬픔을 다하고 제사 때에는 엄숙함을 다하는 것이니라."

라고 하였다.

즉, 부모를 공경할 것을 늘 효의 첫째 덕목으로 삼아야 한다는 것이다.

3.

子曰, 父母在어시든 不遠遊하며

遊必有方이니라.〔孔子(공자)〕

【註釋】

• **遊必有方**(유필유방) : 먼 곳을 갈 때는 반드시 그 가는 곳을 알려야 한다.

• **方**(방) : 행방.

【對譯】

공자가 말씀하시기를,

　　"부모가 살아 계실 때에는 멀리 떠나지 아니하며, 떠나되 반드시 그 행방을 알려야 하느니라."
라고 하였다.

　　즉, 행동을 함부로 해서는 안 됨을 역설하였다.

4.

子曰, 父命召어시든 唯而不諾하고
食在口則吐之니라. 〔孔子(공자)〕

【註釋】

諾 대답할 락

• 唯而不諾(유이불락) : 머뭇거리지 말고 즉시 가는 것.
• 食在口則吐之(식재구즉토지) : 음식이 입 안에 있으면 이를 뱉고 대답한다.

【對譯】

공자가 말씀하시기를,
"아버지께서 부르시면 머뭇거리지 말고 속히 대답하되, 입 안에 음식이 있거든 곧 뱉고 대답하여야 하느니라."
라고 하였다.

5.

太公이 曰, 孝於親이면 子亦孝之하나니
身旣不孝면 子何孝焉이리요.

【註釋】

· 孝於親(효어친) : 부모에게 효도하다.
· 何孝焉(하효언) : 어찌 효도할 것인가?

【對譯】

　태공이 말하기를,
　"내가 어버이에게 효도하면 내 자식이 또한 나에게 효도한
다. 내가 어버이에게 효도하지 않는데 내 자식이 어찌 나에게
효도할 것인가?"
라고 하였다.

　즉, 자식을 교육하는 데는 본인이 부모에게 효도를 해야만
자식도 효도한다는 것이다.

6.

효 순　　　환 생 효 순 자　　　오 역
孝順은 還生孝順子요 忤逆은

환 생 오 역 자　　　불 신　　　단 간 첨 두 수
還生忤逆子하나니 不信커든 但看簷頭水하라

점 점 적 적 불 차 이
點點滴滴不差移니라.

【註釋】

· 忤逆(오역) : 조부모나 부모를 죽이는 패륜.

- **簷頭**(첨두) : 집의 처마 끝.
- **差移**(차이) : 어긋남.

【對譯】

효순한 사람은 또한 효순한 자식을 낳을 것이며, 오역(忤逆)한 사람은 또한 오역한 자식을 낳으리라. 이것을 믿지 못하겠거든 저 처마 끝의 낙수를 보라. 방울방울 떨어져 내리는 것이 어김이 없지 않은가.

즉, 유가에서는 '효행'이 모든 세상사의 근본임을 말한다.

五　正己篇(정기편)

이 편에는 정도(正道)를 걷는 생활에 대해 정곡을 찌르는 감동적인 구들이 많다. 자기 자신을 올바르게 하는 여러 경구들로 구성되어 있다.

1.

性理書에 云, 見人之善而尋己之善하고

見人之惡而尋己之惡이니 如此면

方是有益이니라. 〔性理書(성리서)〕

【註釋】

 찾을　심

- **性理書**(성리서) : 송대(宋代)의 성리학(性理學)에 관한 책. 인간의 심성과 우주의 원리를 연구하는 학문이다.
- **方**(방) : 바야흐로, 드디어.

【對譯】

　성리서에 이르기를,
　'다른 사람의 선한 것을 보고 나의 선함을 찾고, 다른 사람의 악한 것을 보고 나의 악함을 찾을지니라. 그와 같이 하면 바야흐로 유익함이 있으리라.'
라고 하였다.

　즉, 아무리 쓸모 없고 나쁜 사람이라도 자세히 살피면 반드시 무언가 배울 것이 있음을 말한 것이다.

2.

경행록　운　대장부　당용인
景行錄에 云, 大丈夫는 當容人이언정

무　위　인　소　용
無爲人所容이니라.〔景行錄(경행록)〕

【註釋】

・大丈夫(대장부) : 여기에서는 군자의 뜻임.
・容(용) : 용납하다.

【對譯】

　경행록에 이르기를,
　'대장부는 마땅히 남을 용서할지언정 남에게서 용서받는 사람이 되어서는 안 되느니라.'

라고 하였다.

즉, 자기를 올바르게 갖는다는 것은 곧 군자가 되는 길과 통한다고 할 수 있다.

3.
^{태 공 왈   물 이 귀 기 이 천 인}
太公曰, 勿以貴己而賤人하고

^{물 이 자 대 이 멸 소}
勿而自大而蔑小하고

^{물 이 시 용 이 경 적}
勿以恃勇而輕敵이니라. 〔太公(태공)〕

【註釋】

蔑 업신여길   멸

恃 믿을   시

• 蔑小(멸소) : 작은 것을 업신여기다.
• 恃勇(시용) : 용맹을 믿다.
• 輕敵(경적) : 적을 가볍게 여기다.

【對譯】

태공이 말하기를,

"내 몸이 귀하다고 하여 다른 사람을 천하게 여기지 말며,

자기 자신이 크다고 하여 다른 사람의 작음을 업신여기지 말
며, 자신의 용맹을 믿고 적을 가볍게 여기지 말라."
라고 하였다.

즉, 겸양이 인생에 있어서 가장 귀한 교훈이라는 뜻이다.

4.

馬援이 曰, 聞人之過失이어든
如聞父母之名하여 耳可得聞이언정
口不可言也이니라. 〔馬援(마원)〕

【註釋】

援	구원할	원
過	잘못할	과
失	잘못할	실
得	얻을	득

· 如聞父母之名(여문부모지명) : 부모의 이름을 듣는 것처럼 하다.

【對譯】

마원이 말하기를,
"다른 사람의 허물을 듣거든 마치 부모의 이름을 들은 것과 같이 하여 귀로 듣더라도 입으로는 말하지 말라."
라고 하였다.

즉, 남의 허물을 들추어내지 말아야 한다.

5.

康節邵先生이 曰, 聞人之謗이라도

未嘗怒하며 聞人之譽라도 未嘗喜하며

聞人之惡이라도 未嘗和하며 聞人之善이면

則就而和之하고 又從而喜之니라

其詩에 曰, 樂見善人하며 樂聞善事하며

樂道善言하며 樂行善意하고

聞人之惡이어든 如負芒刺하고

聞人之善이어든 如佩蘭蕙니라.

【註釋】

嘗	맛볼	상
就	나아갈	취
芒	칼날	망
蕙	성품 좋을	혜

- 謗(방) : 비방.
- 譽(예) : 칭찬하는 말.
- 和(화) : 동조하다.
- 芒刺(망자) : 가시.
- 佩(패) : 몸에 지니다.
- 蘭蕙(난혜) : 난초.

【對譯】

강절소 선생이 말하기를,

"다른 사람으로부터 비방을 들어도 화내지 말며, 다른 사람으로부터 칭찬을 들어도 기뻐하지 말라. 다른 사람의 악한 것을 듣더라도 이에 곧바로 동조하지 말고 다른 사람의 선행을 듣거든 곧 나아가 이를 정겹게 대하며, 또 그를 따르며 기뻐하라."
라고 하였다.

시에 이렇게 말했다.

착한 사람 보기를 즐거워하며
착한 일 듣기를 즐거워하며
착한 말 전하기를 즐거워하며
착한 뜻 행하기를 즐거워하라.
다른 사람의 악을 듣거든
가시를 몸에 지닌 것같이 하고
다른 사람의 착함을 듣거든
난초를 몸에 지닌 것같이 하라.

즉, 즐겨 선을 행하는 사람이 되어야 한다.

6.

道吾善者는 是吾賊이요 道吾惡者는

是吾師이니라.

【註釋】

• 道(도) : 말하다. 言(언)
• 吾(오) : 나, 자기 자신.

【對譯】

나보고 착하다고 말하는 사람은 곧 내게 해로운 사람이요, 나의 좋지 못한 점을 깨우쳐 주는 사람은 곧 나의 스승이니라.

즉, 나의 허물을 충고해 주는 말을 달게 받아들여야 한다.

7.

太公 曰, 勤爲無價之寶요

愼是護身之符니라.〔太公(태공)〕

【註釋】

• 無價之寶(무가지보) : 값을 매길 수 없는 보배.

• 愼(신) : 몸과 마음을 삼가는 것.
• 符(부) : 부적.

【對譯】

태공이 말하기를,
"부지런함은 값으로 따질 수 없는 보배이며, 근신함은 몸을 지키는 부적이니라."
라고 하였다.

즉, 부지런함은 값진 보배요, 근신함은 최고의 가치를 지니는 부적이다.

8.

景行錄에 日, 保生者는 寡慾하고
保身者는 避名이니 無慾은 易나
無名은 難이니라. 〔景行錄(경행록)〕

【註釋】

• 寡慾(과욕) : 욕망을 적게 하다.
• 避名(피명) : 명예를 탐하지 않다.
• 易(이) : 수월하다.

【對譯】

경행록에 이르기를,

'삶을 보존하려는 욕심을 적게 하고, 몸을 보존하려는 사람은 그 이름이 세상에 널리 퍼지는 것을 피하는 법이다. 허나 욕심을 없애기는 쉬운 일이로되, 유명해지려는 마음을 없애기는 어려우니라.'

라고 하였다.

즉, 삶을 온전히 보전하고 싶다면 욕심을 줄이고 유명해지는 것을 원치 않는 것이 제일이다.

9.

子曰, 君子有三戒하니 小之時엔 （자왈 군자유삼계 소지시）

血氣未定이라 戒之在色하고 及其壯也하면 （혈기미정 계지재색 급기장야）

血氣方剛이라 戒之在鬪하고 及其老也하면 （혈기방강 계지재투 급기노야）

血氣旣衰라 戒之在得이니라. 〔孔子(공자)〕 （혈기기쇠 계지재득）

【註釋】

剛 굳셀 강

- 三戒(삼계) : 세 가지 경계해야 할 계율.
- 旣衰(기쇠) : 이미 줄어들었다.

【對譯】

　공자가 말씀하시기를,
　"군자는 세 가지 경계할 것이 있으니 젊을 때는 혈기가 정해져 있지 않으므로 여자를 경계하고, 장성함에 따라 혈기 또한 왕성해지므로 투쟁을 경계하며, 늙음에 따라 혈기가 이미 쇠약해지므로 탐하여 얻고자 함을 경계해야 한다."
라고 하였다.

　즉, 노년의 욕심을 줄일 것을 강조했다.

10. 孫眞人養生銘에 云하였으되 怒甚偏傷氣요
思多太損神이라 神疲心易役이요
氣弱病相因이라 勿使悲歡極하고
當令飲食均하며 再三防夜醉하고
第一戒晨嗔하라. 〔孫眞人養生銘(손진인 양생명)〕

【註釋】

- **孫眞人**(손진인) : 도가(道家)에 속하는 사람.
- **養生銘**(양생명) : 심신을 건강하게 보존하는 계명.
- **神疲**(신피) : 정신이 피로한 상태.
- **晨嗔**(신진) : 새벽에 화를 내는 것.

【對譯】

손진인 양생명에 이르기를,

'성내는 것이 심하면 기운은 한쪽으로 편벽되어 상하게 되고, 생각을 자주 많이 하면 정신이 크게 상하게 된다. 정신이 피곤하면 마음이 쉽게 고달파지고, 기운이 약하면 그에 따라서 병이 생기느니라. 슬픔과 기쁨을 지나치게 하지 말고, 음식은 마땅히 골고루 섭취할 것이며, 밤에 술 취하는 것을 거듭 삼가고, 새벽에 성내는 것을 가장 경계해야 할 것이다.'
라고 하였다.

즉, 심신의 건강에 유의해야 한다는 말이다.

11.

景行錄에 曰, 食淡精神爽이요
心淸夢寐安이니라. 〔景行錄(경행록)〕

【註釋】

爽 밝을　　　　상
寐 잠잘　　　　매

· 食淡(식담) : 음식 맛이 산뜻함.
· 夢寐(몽매) : 잠자는 것.

【對譯】

　경행록에 이르기를,
　'음식이 깨끗하면 마음이 맑아지고 마음이 맑으면 잠도 절로 편안해지느니라.'
라고 하였다.

12.

定心應物하면 雖不讀書라도
可以爲有德君子이니라.

【註釋】

應 응할　　　　응

- 定心(정심) : 마음을 바로 하다.
- 應物(응물) : 사물에 대응하는 것.

【對譯】

마음을 차분하게 하여 사물을 대한다면 비록 공부를 하지 않았다 하더라도 능히 덕이 있는 군자가 될 수 있느니라.

13. 近思錄에 云, 懲忿을 如故人하고 窒慾을

如防水하라.〔近思錄(근사록)〕

【註釋】

近 가까울　　　　근

- 近思錄(근사록) : 중국 송(宋)나라 때 주자(朱子)와 그의 제자인 여조겸(呂祖謙)이 함께 지은 책.
- 懲忿(징분) : 분한 마음이 일어나지 않도록 하는 것.
- 窒欲(질욕) : 욕심을 막는 것.

【對譯】

근사록에 이르기를,

'분함을 제압하기를 불을 끄듯이 하고, 욕심을 누르기를 물을 막듯이 해야 한다.'

라고 하였다.

즉, 정도를 벗어나는 삶을 살지 않도록 모두 유의해야 한다.

14.

夷堅志에 云, 避色을 如避讐하고 避風을 如避箭하며 莫喫空心茶하고 小食中夜飯하라. 〔夷堅志(이견지)〕

【註釋】

避	피할	피
讐	원수	수
箭	화살	전

· 夷堅志(이견지) : 중국 송대(宋代)의 사람인 홍매(洪邁)가 엮은 설화집(說話集).

· **箭**(전) : 화살.
· **喫**(끽) : 먹다, 마시다.
· **中夜**(중야) : 한밤중.

【對譯】

이견지에 말하기를,

'여색 피하기를 원수 피하듯이 하고 바람 피하기를 화살 피하듯이 하라. 빈 속에 차를 마시지 말 것이며, 한밤중에는 밥을 적게 먹도록 하라.'

라고 하였다.

15. 순자왈 무용지변 불급지찰
筍子曰, 無用之辯과 **不急之察**을

기 이 물 치
棄而勿治하라.〔筍子(순자)〕

【註釋】

 버릴   기

· **筍子**(순자) : B. C. 298~238. 중국 전국시대의 유학자로 이름은 황(況)이며 성악설(性惡說)을 주창하였다.
· **無用之辯**(무용지변) : 쓸데없는 말.

【對譯】

순자가 말씀하시기를,
"쓸데없는 말과 급하지 않은 일은 버려두고 다스리지 말라."
라고 하였다.

즉, 허망한 말과 일을 서두르는 것도 화의 근본이 될 수 있
으니 이것을 멀리하라는 것이다.

16.
子曰, 衆이 好之라도 必察焉하며 衆이
惡之라도 必察焉이니라. 〔孔子(공자)〕

【註釋】

衆 무리　　　　　중
察 살필　　　　　찰

• 衆(중) : 모든 사람.
• 惡之(오지) : 싫어하다. 미워하다.

【對譯】

공자가 말씀하시기를,

"모든 사람이 좋아하더라도 반드시 살펴야 하며 모든 사람이
미워하더라도 반드시 살펴야 하느니라."
라고 하였다.

즉, 인간에게는 양면성이 있는 만큼 편견에 사로잡혀 어느
한 면만을 보고 전체를 안다고 해서는 안 될 것이다.

17.

주 중 불 어　　진 군 자　　재 상 분 명
酒中不語는 眞君子요 財上分明은

대 장 부
大丈夫이니라.

【註釋】

財 재물　　　　재

• 眞(진) : 참답다.
• 大丈夫(대장부) : 진정한 남자.

【對譯】

술 취한 가운데도 말이 많지 않음은 참다운 군자요, 재물에
대해 분명한 사람은 대장부이다.

즉, 술을 마시면 말이 많아지는 것을 경계한 글이다.

18.

<ruby>萬<rt>만</rt></ruby> <ruby>事<rt>사</rt></ruby> <ruby>從<rt>종</rt></ruby> <ruby>寬<rt>관</rt></ruby> <ruby>其<rt>기</rt></ruby> <ruby>福<rt>복</rt></ruby> <ruby>自<rt>자</rt></ruby> <ruby>厚<rt>후</rt></ruby>

萬事從寬이면 其福自厚이니라.

【註釋】

· 從(종) : 따르다, 좇다, 베풀다.
· 寬(관) : 너그러움, 관용.

【對譯】

모든 일에 관용을 베풀면 그 복이 저절로 두터워지리라.

즉, 관용이란 덕목은 스스로 복을 두터이하는 것을 강조한 것이다.

19.

太公이 曰, 欲量他人인대 先須自量하라

傷人之語는 還是自傷이니 含血噴人이면

先汚其口이니라.〔太公(태공)〕

【註釋】

• 欲量(욕량) : 헤아려 보고 싶은 욕심.
• 含血(함혈) : 피를 머금다.
• 汚(오) : 더러워지다.

【對譯】

　태공이 말하기를,
　"다른 사람을 알려고 하거든 먼저 모름지기 자기 자신을 헤아려 보라. 다른 사람을 해치는 말은 도리어 자기 자신을 해치는 것이며, 피를 머금어 다른 사람에게 뿜으면 먼저 자기 자신의 입이 더러워진다."
라고 하였다.

20.

凡戲는 無益이요 惟勤이 有功이니라.

【註釋】

• 戱(희) : 노는 것.
• 惟(유) : 오직, 오로지.

【對譯】

무릇 모든 유희는 이로울 것이 없으며 오직 부지런함만이 공을 이루리라.

즉, 소중한 시간을 물처럼 흘려 허비하지 말고 부지런히 힘써 생의 보람을 찾아야 한다는 것이다.

21.

太公이 曰, 瓜田에 不納履하고 李下에 不正冠이니라.〔太公(태공)〕

【註釋】

• 瓜田(과전) : 외밭.
• 納履(납리) : 신을 고쳐 신다.

【對譯】

태공이 말하기를,

"남의 외밭에서는 신발을 고쳐 신지 말고, 오얏나무 아래에 서는 갓을 고쳐 쓰지 말라."
라고 하였다.

즉, 남에게 의심받을 일은 아예 처음부터 하지 않는 것이 가장 현명한 처신이라는 것이다.

22.

景行錄에 曰, 心可逸이언정 形不可不勞요 道可樂이언정 心不可不憂니 形不勞則怠 惰易弊하고 心不憂則荒淫不定이라 故로 逸生於勞而常休하고 樂生於憂而 無厭하나니 逸樂者는 憂勞를 豈可忘乎아.

【註釋】

- 心可逸(심가일) : 마음을 편안히 함.
- 不可不(불가불) : ~하지 않을 수 없다.
- 易弊(이폐) : 쉽게 무너지다.
- 荒淫(황음) : 방탕하여 주색에 빠지는 것.

· 休(휴) : 기쁘다의 뜻.
· 無厭(무염) : 싫증나지 않음.
· 豈可忘乎(기가망호) : 어찌 잊을 수 있겠는가.

【對譯】

경행록에 이르기를,

'마음은 편할 수 있을지언정 몸은 일을 하지 않으면 안 되고 도(道)는 즐길 수 있을지언정 마음은 근심을 염두에 두지 않으면 안 된다. 몸은 일하지 않으면 게을러져서 허물어지기가 쉽고, 마음은 우환을 생각하지 않으면 방탕에 빠져서 행동을 정하지 못한다. 그러므로 편안함은 수고롭게 일하는 데서 생겨야 언제나 기쁠 수 있고, 즐거움은 근심하는 데에서 생겨야 싫음이 없으니, 편안하고 즐거운 사람이 어찌 근심과 수고로움을 잊을 수 있겠는가.'

라고 하였다.

23. 耳不聞人之非하고 目不視人之短하고 口不言人之過라야 庶幾君子이니라.

【註釋】

· 耳不聞(이불문) : 귀로 듣지 않다.

• **過**(과) : 허물.
• **庶幾**(서기) : 거의.

【對譯】

　　귀로는 다른 사람의 그릇됨을 듣지 말고, 눈으로는 다른 사람의 단점을 보지 말며, 입으로는 다른 사람의 허물을 말하지 않아야만 군자라고 할 수 있다.

24.
채 백 개 왈 　 희 로 　 재 심
蔡伯喈曰, 喜怒는 在心하고
언 출 어 구 　 　 불 가 불 신
言出於口하나니 不可不愼이니라.

【註釋】

• **蔡伯喈**(채백개) : 중국 후한(後漢) 때의 문인으로 영자팔법(永字八法)을 고안한 사람.
• **不愼**(불신) : 삼가지 않다.

【對譯】

　　채백개가 말하기를,
　　"기쁨과 노여움은 마음속에 있으나 말이란 입 밖으로 나가는 것이니 어찌 삼가지 않을 수 있으랴."
라고 하였다.

즉, 언제나 말을 조심하도록 노력해야 한다는 것이다.

25. ^{재여주침} ^{자왈 후목} ^{불가조야}
宰予晝寢이어늘 子曰, 朽木은 不可雕也요
^{분토지장} ^{불가오야}
糞土之墻은 不可圬也니라.

【註釋】

寝 잠잘   침

• 宰予(재여) : 중국 춘추시대 노(魯)나라 사람으로 공자의 제자.
• 雕(조) : 조각하다.
• 糞土(분토) : 썩어서 찰기가 없는 흙.
• 墻(장) : 담.
• 圬(오) : 흙손질하는 것.

【對譯】

공자께서 재여가 낮잠 자는 것을 보고 말씀하셨다.
"썩은 나무는 조각할 수 없고, 썩은 흙으로 친 담은 흙손질을 할 수 없다."

즉, 정신이 썩은 재여 같은 사람에게 꾸지람을 해서 무엇하겠는가 하고 한탄한 것이다.

26.

紫虛元君誠諭心文에 曰, 福生於清儉하고
德生於卑退하고 道生於安靜하고
命生於和暢하고 憂生於多慾하고
禍生於多貪하고 過生於輕慢하고
罪生於不仁이니라. 戒眼莫看他非하고
戒口莫談他短하고 戒心莫自貪嗔하고
戒身莫隨惡伴하고 無益之言을 莫妄說하고
不干己事를 莫妄爲하고 尊君王孝父母하고
敬尊長奉有德하고 別賢愚恕無識하고
物順來而勿拒하며 物旣去而勿追하고
身未遇而勿望하며 事已過而勿思하라
聰明도 多暗昧요 算計도 失便宜니라.

손 인 종 자 실 　　　의 세 화 상 수
損人終自失이요 依勢禍相隨라

계 지 재 심 　　　수 지 재 기
戒之在心하고 守之在氣라

위 불 절 이 망 가 　　　인 불 염 이 실 위
爲不節而亡家하고 因不廉而失位니라

권 군 자 경 어 평 생 　　　가 탄 가 경 이 가 사
勸君自警於平生하나니 可歎可驚而可思니라

상 임 지 이 천 감 　　　하 찰 지 이 지 지
上臨之以天鑑하고 下察之以地祉라

명 유 삼 법 상 계 　　　암 유 귀 신 상 수
明有三法相繼하고 暗有鬼神相隨라

유 정 가 수 　　　심 불 가 기 　　　계 지 계 지
惟正可守요 心不可欺니 戒之戒之하라.

【註釋】

•**紫虛元君**(자허원군) : 도가(道家)에 속하며, 이름과 연대는 분명치 않다.

•**莫看**(막간) : 보지 말라.

•**貪嗔**(탐진) : 탐내고 성내는 것.

•**不干己事**(불간기사) : 자기에게 관계없는 일.

•**未遇**(미우) : 불우한 처지에 놓이는 것.

•**地祉**(지지) : 땅의 신령.

•**三法**(삼법) : 경(輕)·중(中)·중(重)의 세 가지 율법.

【對譯】

자허원군의 성유심문에 이르기를,

'복은 청렴하고 검소한 데서 생기고 덕은 자신을 낮춰 겸손한 데서 생기고 도는 편안하고 고요한 데서 생기고 생명은 화창한 데서 생기고 근심은 욕심이 많은 데서 생기고 재앙은 탐욕이 많은 데서 생기고 허물은 경솔하며 교만한 데서 생기고 죄악은 어질지 못한 데서 생겨나느니라.

눈을 경계하여 다른 사람의 그릇됨을 보지 말고, 입을 경계하여 다른 사람의 단점을 말하지 말고, 마음을 경계하여 탐내거나 화내지 말고, 몸을 경계하여 나쁜 친구를 사귀지 말라.

유익하지 않은 말은 함부로 하지 말고 나와 관계없는 일을 함부로 하지 말라. 임금을 높여 받들고, 부모에게는 효도하며, 웃어른을 삼가 존경하고, 덕 있는 사람을 우러러 받들며, 어진 사람과 어리석은 사람을 분별하고, 무식한 사람을 꾸짖지 말고 용서하라.

세상 일을 순리대로 좇아 물리치지 말며, 이미 지나갔거든 좇지 말고, 몸이 불우하게 되었어도 잘되기를 바라지 말며, 일이 이미 지나갔거든 이를 생각하지 말라. 총명한 사람도 때로는 그 생각이 어리석을 수 있고, 치밀하게 계획을 세웠어도 편의를 잃는 수가 있다. 다른 사람에게 손해를 끼치면 자기 자신도 마침내는 손해를 입을 것이며, 세력을 믿고 그에 의존하면 재앙이 따를 것이다. 경계하는 것은 마음속에 있고 지키는 것은 의기에 있느니라.

절약하지 않으면 집을 망하게 하고, 청렴하지 않으면 지위를 잃게 되느니라. 그대에게 평생을 두고 스스로 경계할 것은 권하건대 가히 놀랍게 여겨 잘 새겨두도록 하라. 위에는 하늘의 굽어봄이 있고, 아래에는 땅의 신령이 살피고 밝은 곳에는 삼법(三法)이라는 것이 있어 서로 계승하며, 어두운 곳에는 귀신이 있어 서로 따른다. 오직 바른 것을 지키고 마음을 속이지 말 것이니 이를 경계하고 또 경계해야 할 것이다.'
라고 하였다.

즉, 위에서는 하늘이 굽어보고 아래에서는 땅의 신령이 살펴보고 있으니 세상을 살아감에 있어 정도를 지키고 양심을 속이는 일이 없도록 경계하고 또 경계해야 할 것이다.

六 安分篇(안분편)

　이 편에는 자기 자신의 분수를 알고 욕망의 키를 줄여 자족하는 삶을 살 때 탐욕에서 벗어날 수 있음을 가르치는 경구들이 많다.

1.

景行錄에 云, 知足可樂이요 務貪則憂니라.

【註釋】

・知足(지족) : 분수를 지켜 만족할 줄 아는 것.
・務貪(무탐) : 탐욕에 힘쓰는 것.

【對譯】

　경행록에 이르기를,
　'만족함을 알면 가히 즐거울 것이요, 탐내는 마음이 많으면 근심이 끊이지 않으리라.'
　라고 하였다.

즉, 만족할 줄 알고 분수를 지키는 것을 처세의 큰 교훈으로
삼아야 한다는 것이다.

2.
知足者는 貧賤亦樂이요 不知足者는
富貴亦憂니라.

【註釋】

· 知足者(지족자) : 만족할 줄 아는 사람.
· 貧賤(빈천) : 가난하고 천한 것.

【對譯】

만족할 줄 아는 사람은 빈천하여도 또한 즐거우나, 만족할
줄 모르는 사람은 부귀해도 또한 근심하느니라.

즉, 최소한 이렇게 살고자 노력할 때 우리는 생에서 더욱 큰
기쁨을 찾아낼 수 있다는 것이다.

3.
濫想은 徒傷神이요 妄動은 反致禍니라.

【註釋】

 넘칠　　　　람

妄　망령될　　　　망

- **濫想**(남상) : 분수에 넘치는 생각.
- **徒**(도) : 헛되이.
- **致禍**(치화) : 재앙을 불러오다.

【對譯】

　분수에 넘친 생각은 헛되이 정신을 상하게 할 뿐이며, 허망한 행동은 도리어 화만을 부르게 되느니라.

　즉, 스스로의 분수에 넘치는 행동을 경계한 말이다.

4.
知足常足이면 終身不辱하고 知止常止면
終身無恥니라.

【註釋】

辱　욕될　　　　욕

・知足常足(지족상족) : 만족할 줄을 알아 언제나 만족한다는 뜻.
・知止(지지) : 그칠 때를 아는 것.

【對譯】

만족을 알아 항상 만족해한다면 일생 동안에 욕됨이 없을 것이며, 그침을 알아 항상 그친다면 일생 동안에 부끄러움이 없으리라.

즉, 매사에 분수를 지켜서 멈추어야 할 때 멈출 줄 안다면 일생 동안 부끄러움이 찾아올 일은 없다는 것이다.

5.

書에 曰, 滿招損하고 謙受益이니라. 〔書經(서경)〕

【註釋】

損 덜　　　손

謙 겸손할　　　겸

益 이익　　　익

・書經(서경) : 요순(堯舜) 때로부터 주(周)나라 때까지의 정치에 관한 기록을 수집하여 편찬한 책.
・滿(만) : 가득하다.

【對譯】

서경에 말하기를,

'가득 차면 손실을 초래하고, 겸손하면 이익을 얻을 것이다.'
라고 하였다.

즉, 무슨 일에든지 가득 차서 자만하면 결국은 손실을 가져
올 뿐임을 강조한 글이다.

6.

安分吟에 曰, 安分身無辱이요

知機心自閑이니 雖居人世上이나

却是出人間이니라.

【註釋】

機 기틀　　　기

- 安分吟(안분음) : 중국 송나라 때에 나온 안분시(安分詩)를 말함.
- 却是(각시) : 도리어.

【對譯】

안분음에 말하기를,

‘편안한 마음으로 분수를 지키면 몸에 욕됨이 없을 것이요,
기틀을 잘 알면 마음은 저절로 한가하리니, 비록 인간 세상에
서 살더라도 도리어 인간 세상을 벗어난 것이 되리라.’
라고 하였다.

즉, 편안한 마음으로 분수를 지키면 속세에 산다 할지라도
속세를 벗어나서 선경(仙境)에 머무르는 것과 다를 바가 없다는
것이다.

七 存心篇(존심편)

　　이 편은 개인의 올바른 수양과 처세에 대한 아름답고 감동적인 문장이 많다. 자기 수양이라는 측면에서 이 존심편의 가치는 더욱 소중하다고 말할 수 있다.

1.

景行錄에 云, 坐密室을 如通衢하고 馭寸心을 如六馬可하면 免過니라.

【註釋】

衢　거리　　　구

• **通衢**(통구) : 구는 네거리를 말하며 통구는 사방으로 통하는 큰 길이라는 뜻.
• **馭寸心**(어촌심) : 작은 마음을 다스리다. 어(馭)는 말을 부리다.
• **可免過**(가면과) : 허물을 면하다.

【對譯】

경행록에 이르기를,

'밀실에 앉아 있다 할지라도 마치 네거리에 있는 것처럼 하고, 작은 마음을 억누르는 것을 마치 여섯 말이 끄는 마차 부리듯이 하면 가히 허물을 면할 수 있으리라.'

라고 하였다.

즉, 혼자 있을 때 삼간다는 말은 유명한 구이다. 또 마음 다스리기를 여섯 필이 끄는 마차가 대로를 달릴 때처럼 공명정대하게 한다면 매사에 허물될 일이 없다는 것이다.

2.

> 격양시 운 부귀 여장지력구
> 擊壤詩에 云, 富貴를 如將智力求라면
> 중니 연소합봉후 세인
> 仲尼도 年少合封侯라 世人은
> 불해청천의 공사신심반야수
> 不解靑天意하고 空使身心半夜愁이니라.

【註釋】

• **擊壤詩**(격양시) : 중국 송나라 때의 소옹(邵雍)이 편찬한 시집으로 모두 20권으로 되어 있다.

• **將**(장) : ～으로써.

• **仲尼**(중니) : 공자의 자.

•半夜愁(반야수) : 한밤중 수심에 잠기는 것.

【對譯】

격양시에 이르기를,

'부귀를 지혜와 힘으로써 얻을 수 있다면 중니는 젊었을 때에 마땅히 제후가 되었을 것이다. 세상 사람들은 저 높푸른 하늘의 뜻을 이해하지 못하고 부질없이 몸과 마음으로 하여금 한밤중에 근심하게 하는구나.'
라고 하였다.

즉, 부질없는 근심으로 세월을 소모하고 있으니 안타까울 뿐이라는 것이다.

3.

범 충 선 공　　계 자 제 왈　　인 수 지 우
范忠宣公이 戒子弟曰, 人雖至愚나

책 인 즉 명　　수 유 총 명　　서 기 즉 혼
責人則明하고 雖有聰明이나 恕己則昏이니

이 조　　단 당 이 책 인 지 심
爾曹는 但當以責人之心으로

책 기　　서 기 지 심
責己하고 恕己之心으로

서 인 즉 불 환 부 도 성 현 지 위 야
恕人則不患不到聖賢地位也이니라.

【註釋】

- **范忠宣公**(범충선공) : 중국 북송(北宋) 때의 재상(宰相)으로 이름은 순인(純仁), 시호는 충선(忠宣).
- **爾曹**(이조) : 너희 무리.
- **不患**(불환) : 근심하지 않는 것.

【對譯】

범충선공이 그 아들을 경계하여 말하였다.

"비록 매우 어리석은 사람일지라도 다른 사람을 꾸짖는 데는 밝고, 비록 총명하다고 해도 자기를 용서하면 사리에 어두워진다. 너희들은 마땅히 다른 사람을 꾸짖는 것과 같은 마음으로 자기 자신을 꾸짖고 자기를 용서하는 마음으로써 다른 사람을 용서한다면 성현의 경지에 이르지 못함을 근심할 것이 없느니라."

즉, 남을 용서하는 마음을 지닌다면 그 덕이 저절로 높아져 성현의 경지에 들지 못함을 걱정할 것이 없다고 가르친 것이다.

4.

子曰, 聰明思睿라도 守之以愚하고
功被天下라도 守之以讓하고 勇力振世라도
守之以怯하고 富有四海라도 守之以謙이니라.

【註釋】

睿 슬기　　　　예
振 떨칠　　　　진

· 思睿(사예) : 생각이 슬기로운 것.
· 振世(진세) : 세상에 떨치는 것.

【對譯】

　공자가 말씀하시기를,

　"총명하고 그 생각이 슬기로울지라도 어리석은 체하여 이를
지켜야 하고, 공로가 세상을 뒤덮을지라도 겸양하는 마음으로
이를 지켜야 하며, 용맹이 세상에 떨칠지라도 두려운 마음으로
이를 지켜야 하고, 부유함이 온 천하를 차지하고 있을지라도
겸손한 마음으로 이를 지켜야 하느니라."
라고 하였다.

　즉, 부유한 정도가 천하를 차지했다 할지라도 겸손하여 남으

로부터 지탄을 받지 않도록 해야만이 그 모든 것을 지킬 수 있
다는 것이다.

5.

> 素書에 云, 薄施厚望者는 不報하고
> 貴而忘賤者는 不久니라.

【註釋】

厚 후할   후

• 素書(소서) : 중국 한(漢)나라 때의 황석공(黃石公)이 펴냈다고
  전하는 책.

• 不久(불구) : 오래가지 않는다.

【對譯】

  소서에 이르기를,

  '박하게 베풀고 후한 것을 바라는 사람에게는 보답이 없고,
몸이 귀하게 된 후에 비천했던 때를 잊는 사람은 그 귀함이 오
래 계속되지 못하리라.'
라고 하였다.

  즉, 세상 사람들 가운데는 몸이 귀해지면 지난날을 잊어버리

고 교만하게 되며 남을 경멸하는 사람들이 흔히 있다. 그러나
이런 사람이 그 부귀를 오래 지닐 수 없음은 당연한 일이라는
것이다.

6.
施恩勿求報하고 與人勿追悔하라.

【註釋】

- 求報(구보) : 보답을 바라는 것.
- 追悔(추회) : 뒤에 후회하는 것.

【對譯】

　은혜를 베풀었거든 그 보답을 바라지 말고 남에게 주었거든
후회하지 말라.

　즉, 은혜를 베풀고 생색을 낸다면 그것은 이미 진정한 의미
의 베풂이 될 수 없다는 것이다.

7.
孫思邈이 曰, 膽欲大而心欲小하고
知欲圓而行欲方이니라.

【註釋】

· 孫思邈(손사막) : 당(唐)나라 때의 학자. 의약학(醫藥學)에 조예
　　가 깊었다고 한다.

· 圓(원) : 원만하다.

· 方(방) : 방정한 것.

【對譯】

　손사막이 말하기를,

　"담력은 크게 가지되 마음가짐은 섬세해야 하고, 지혜는 원
만하되 행동은 방정해야 하느니라."
라고 하였다.

　즉, 최대의 노력을 통해 이상적인 인간상에 접근해 가려는
자세가 무엇보다 중요할 것이다.

8.
염념요여임전일　　심심상사과교시
念念要如臨戰日하고 心心常似過橋時니라.

【註釋】

臨 임할 　　　림

· 念念(염념) : 생각하고 생각함.

· 臨戰日(임전일) : 전장에 나아가는 날.

【對譯】

생각은 언제나 싸움터에 나아가는 날처럼 하고, 마음은 언제나 다리를 건너는 때처럼 가져라.

즉, 이와 같은 마음가짐을 지니고 있다면 일생 동안 실수하는 일이 드물게 될 것이다.

9.
구 법 조 조 락　　　기 공 일 일 우
懼法朝朝樂이요 欺公日日憂니라.

【註釋】

懼 두려워할　　　구

• 懼法(구법) : 나라의 법을 두려워하는 것.
• 朝朝樂(조조락) : 날마다 즐겁다.
• 欺公(기공) : 나라 일을 속이다.

【對譯】

법을 두려워하면 날마다 즐거울 것이요, 나라 일을 속이면 날마다 근심이 되리라.

즉, 모든 일을 행하고 처리함에 공명정대(公明正大)하라는 가르침이다.

10.

朱文公이 曰, 守口如瓶하고 防意如城하라.

（주문공　왈　수구여병　방의여성）

【註釋】

• 朱文公(주문공) : 남송대(南宋代)의　대유(大儒)인　주자(朱子)를
  말한다.

• 防意如城(방의여성) : 마음속에서　나쁜　뜻이　싹트는　것을　막는
  다는　뜻.

【對譯】

　주문공이 말하기를,

　"입을 지키는 것을 병과 같이 하고, 뜻을 막기를 성과 같이
하라."

라고 하였다.

　즉, 말을 쉽게 함부로 해서는 안 되며, 또 나쁜 뜻이 마음속
에서 싹트는 것을 마치 견고한 성곽으로써 외적의 침입을 막듯
이 미연에 방지하도록 하라는 것이다.

11.
^{심 불 부 인} ^{면 무 참 색}
心不負人이면 面無慙色이니라.

【註釋】

慙 부끄러울　참

- 負(부) : 짐을 진다는 것으로 풀이되나 여기서는 저버린다는 뜻.
- 慙色(참색) : 부끄러운 기색.

【對譯】

마음이 남을 저버리지 않았으면 얼굴에 부끄러운 빛이 없으리라.

즉, 공명정대한 대의명분이 있다면 이 세상에 부끄러울 일이 없다는 것이다.

12.
^{인 무 백 세 인} ^{왕 작 천 년 계}
人無百歲人이나 枉作千年計니라.

【註釋】

- 百歲人(백세인) : 백 살 된 사람. 또는 백 살을 사는 사람.
- 枉(왕) : 부질없이.

【對譯】

사람은 백 살을 살지 못하는데도 부질없이 천 년의 계획을 세운다.

즉, 덧없는 삶이건만 사람들은 그 한치 앞을 내다보지 못하고 천 년을 살 듯이 삶에 매달리고 집착한다는 것이다.

13.

寇萊公六悔銘에 云, 官行私曲失時悔요

富不儉用貧時悔요 藝不少學過時悔요

見事不學用時悔요 醉後狂言醒時悔요

安不將息病時悔니라.

【註釋】

寇 노략질할   구

狂 미칠   광

【對譯】

구래공의 육회명에 이르기를,

'벼슬아치가 사사롭고 마음에 바르지 못한 일을 행하면 벼슬을 잃을 때 후회하고, 부유할 때 비용을 절약하지 않으면 가난해졌을 때 후회하게 되리라. 기예(技藝)는 젊었을 때 배우지 않으면 때가 지나갔을 때 후회하게 되고, 일을 보고 배우지 않으면 필요하게 되었을 때 후회하게 되리라. 술에 취했을 때 함부로 말하면 술에서 깨었을 때 후회하게 되고, 몸이 건강할 때 휴식을 취하지 않으면 병들었을 때 후회하게 되리라.'
라고 하였다.

즉, 건강을 지나치게 믿고 험하게 살다가 덜컥 큰 병에 걸리면 후회만 남게 될 뿐이라는 것이다. 엎질러진 물은 도로 주위 담을 수 없는 것이 인생사인 것이다.

14.

益智書에 云, 寧無事而家貧이언정

莫有事而家富요 寧無事而住茅屋이언정

不有事而住金屋이요

寧無病而食麤飯이언정

不有病而服良藥이니라.

【註釋】

茅 띠　　　　　모

麤 거칠　　　　추

· 寧(영) : 차라리.
· 茅屋(모옥) : 초라한 초가집.
· 麤飯(추반) : 거친 밥.

【對譯】

익지서에 이르기를,

'차라리 아무 사고 없이 집이 가난할지언정 걱정 있는 부잣집이 되지 말 것이며, 아무 걱정 없이 초가집에서 살지언정 걱정 많은 좋은 집에 살지 말며, 차라리 병 없이 거친 밥을 먹을지언정 병이 있어 좋은 약을 먹지 말 것이니라.'
라고 하였다.

즉, 안빈낙도야말로 삶의 진정한 행복이라는 것이다.

15.

심 안 모 옥 온　　성 정 채 갱 향
心安茅屋穩이요 性定菜羹香이니라.

【註釋】

· 穩(온) : 편안함, 안온함.
· 菜羹(채갱) : 나물국.

【對譯】

　마음이 편안하면 초가집도 안온하고, 성품이 안정되어 있으면 나물국도 향기로우니라.

　즉, 거친 밥을 먹으면 물을 마시고 팔베개를 하여도 낙이 또한 그 가운데 있으니 의롭지 않은 부귀는 뜬구름과 같은 것이다.

16.

경 행 록　운　책 인 자　부 전 교
景行錄에 云, 責人者는 不全交요

자 서 자　불 개 과
自恕者는 不改過니라.

【註釋】

· 不全交(부전교) : 사귐을 온전히 할 수 없다는 뜻.
· 不改過(불개과) : 허물을 고치지 못하다.

【對譯】

경행록에 이르기를,

'다른 사람을 꾸짖는 사람과는 온전하게 사귈 수 없고, 자기 자신을 용서하는 사람은 허물을 고치지 못할 것이니라.'
라고 하였다.

즉, 남의 잘못은 결코 용서하지 못하면서 자신의 잘못에는 너그럽게 눈을 감아 버리는 것이 인지상정이라는 것이다. 그러므로 자기의 허물을 고치지 못하면 평생 동안 과오 속에서 지내게 될 터이니 경계해야 할 것이다.

17.
夙興夜寐하여 所思忠孝者는 人不知나
天必知之요 飽食煖衣하여 怡然自衛者는
身雖安이나 其如子孫에 何오.

【註釋】

怡 화할   이

• 夙興夜寐(숙흥야매) : 아침 일찍 일어나고 밤늦게 자는 것.
• 飽食煖衣(포식난의) : 배불리 먹고 따뜻한 옷을 입는 것.

【對譯】

아침 일찍 일어나서부터 밤에 잠들 때까지 늘 충성과 효도를 생각하는 사람은 다른 사람이 알지 못하더라도 하늘이 반드시 이를 알 것이니라. 배불리 먹고 따뜻하게 입고, 편안하게 제 몸만 위하는 사람은 몸은 비록 편안하겠지만 그 자손은 과연 어찌할까.

즉, 자기 한 몸만을 위해 편안함을 추구하는 사람은 제 몸은 혹 편안할지 모르나 그 재앙이 자손에게 미치게 됨을 모르는 것이다.

18.

이 애 처 자 지 심   사 친 즉 곡 진 기 효
以愛妻子之心으로 事親則曲盡其孝요

이 보 부 귀 지 심   봉 군 즉 무 왕 불 충
以保富貴之心으로 奉君則無往不忠이요

이 책 인 지 심   책 기 즉 과 과
以責人之心으로 責己則寡過요

이 서 기 지 심   서 인 즉 전 교
以恕己之心으로 恕人則全交니라.

【註釋】

寡 적을   과

恕 용서할　　　서

- **事親**(사친) : 어버이를 섬기다.
- **曲盡**(곡진) : 극진히 하다.
- **無往**(무왕) : 어디를 가도.
- **寡過**(과과) : 허물이 적음.

【對譯】

제 처자를 사랑하는 마음으로 어버이를 섬긴다면 그 효도는 곧 극진할 것이며, 부귀를 보전하려는 마음으로 임금을 받든다면 그 어디에나 충성 아닌 것이 없으리라.

남을 책망하는 마음으로써 자기를 책망한다면 허물이 적을 것이며, 자기를 용서하는 마음으로써 남을 용서한다면 사귐을 온전히 할 수 있으리라.

즉, 다른 사람을 꾸짖는 마음으로 스스로의 잘못을 꾸짖는다면 그만큼 허물이 적어질 것이라는 말이다.

19. 爾謀不臧이면 悔之何及이며 爾見不長이면
教之何益이리요 利心專則背道요
私意確則滅公이니라.

【註釋】

悔 뉘우칠   회

背 질   배

• **背道**(배도) : 도리에 어긋남.
• **滅公**(멸공) : 공사(公事)를 저버리는 것.

【對譯】

너의 꾀함이 옳지 못하면 후회한들 어찌 그것에 미칠 것이며, 너의 소견이 뛰어나지 못하면 가르친들 무슨 소용이 있겠는가? 오로지 자기 이익만을 위한다면 도리에 어긋나게 되고 사사로운 마음이 굳어지면 공로가 사라지게 되리라.

즉, 사리사욕만을 위해 이익을 챙기는 것 역시 도리에 어긋나는 것이요, 이러한 마음이 굳어지면 지금까지 이루어 놓은 공로가 모두 물거품이 되고 만다는 것이다.

20.

生事事生이요 省事事省이니라.

【註釋】

• **生事**(생사) : 일을 만들다.

· 事省(사성) : 일이 덜어지다.

【對譯】

일을 만들면 일이 생기고 일을 덜면 일이 없어지느니라.

즉, 많은 것을 계획하면 많아지고 줄이려고 하면 또 얼마든지 줄일 수 있는 것이 일이다.

八 | 戒性篇(계성편)

　이 편은 성선설을 전제로 해서 그 논지를 펴고 있다고 볼 수 있다. 선을 해치는 방종과 분노를 참을 때 인간은 하늘로부터 부여받은 참된 본성을 지킬 수 있다는 가르침이다.

1.

景行錄에 云, 人性이 如水하여
경행록   운 인성   여수

水一傾則不可復이요 性一縱則不可反이니
수일경즉불가복   성일종즉불가반

制水者는 必以堤防하고 制性者는
제수자   필이제방   제성자

必以禮法이니라.
필이예법

【註釋】

堤 둑　　　　　제

防 막을　　　　방

- **傾**(경) : 엎질러지다.
- **縱**(종) : 방종.
- **不可反**(불가반) : 돌아올 수 없음.

【對譯】

경행록에 이르기를,

'사람의 성품은 물과 같아서 물이 한 번 엎질러지면 다시 담을 수 없듯이 성품도 한 번 방종해지면 바로잡지 못한다. 물을 다스리려면 반드시 둑을 쌓아야 하는 것과 같이 성품을 올바르게 하기 위해서는 반드시 예법을 지켜야 하느니라.'
라고 하였다.

즉, 사람이 한 번 방종한 생활에 빠지면 돌이키기 어렵다. 그러므로 제방을 쌓아 물을 다스리듯이 마음에 '예법'을 간직해 올바른 성품을 지켜 가야 할 것이다.

2.

인일시지분　　면백일지우
忍一時之忿이면 免百日之憂이니라.

【註釋】

- **忍**(인) : 참는다.
- **免**(면) : 면할 면.
- **憂**(우) : 근심하다.

【對譯】

한때의 분함을 참으면 백 날의 근심을 면할 수 있으리라.

즉, 현자일지라도 화를 내면 현명함을 잃을진대 보통 사람은 두말할 필요가 없다는 것이다.

3.
^{득 인 차 인}　　　^{득 계 차 계}
得忍且忍이요 **得戒且戒**하라
^{불 인 불 계}　　^{소 사 성 대}
不忍不戒면 **小事成大**니라.

【註釋】

戒 경계　　　계

• **得忍且忍**(득인차인) : 참고 또 참는 것.
• **不忍不戒**(불인불계) : 참지 않고 경계하지 않음.

【對譯】

참고 또 참으며, 경계하고 또 경계하라. 참지 않고 경계하지도 않으면 작은 일이 크게 되리라.

즉, 자중하고 근신한다면 작은 일을 크게 만드는 것 같은 어리석음은 범하지 않게 될 것이다.

4.

우 탁 생 진 노　　개 인 리 불 통
愚濁生嗔怒는 皆因理不通이라

휴 첨 심 상 화　　지 작 이 변 풍
休添心上火하고 只作耳邊風하라

장 단　　가 가 유　　염 량　　처 처 동
長短은 家家有요 炎凉은 處處同이라

시 비 무 상 실　　구 경 총 성 공
是非無相實하여 究竟摠成空이니라.

【註釋】

皆	모두	개
只	다만	지

- 愚濁(우탁) : 어리석고 변변치 못한 사람.
- 嗔怒(진노) : 화를 내는 것.
- 休添(휴첨) : 더하지 말라.
- 耳邊風(이변풍) : 귓가를 지나가는 바람.
- 究竟(구경) : 마침내.
- 摠成空(총성공) : 모두 부질없는 일이 되고 만다는 뜻.

【對譯】

　어리석고 변변치 못한 사람이 화내는 것은 모두 근본 이치를 알지 못하기 때문이다. 마음에 불길을 더하지 말고, 다만 귓

전을 스치는 바람결인 듯 여겨라. 장점과 단점은 어느 집에나
있고, 따뜻함과 싸늘함은 어느 곳이나 같다. 옳고 그름이란 본
래 실상이 없어 마침내는 모두가 다 부질없는 것이 되고 마느
니라.

  즉, 옳고 그름이란 본래 그 형체가 없으며 결국에는 다 부질
없는 것이 되고 만다는 것이다.

5.

子張^{자장}이 欲行^{욕행}에 辭於夫子^{사어부자}할새 願賜一言^{원사일언}이
爲修身之美^{위수신지미}하노이다 子曰^{자왈}, 百行之本^{백행지본}이
忍之爲上^{인지위상}이니라 子張^{자장}이 曰^왈, 何爲忍之^{하위인지}닛고
子曰^{자왈}, 天子忍之^{천자인지}면 國無害^{국무해}하고 諸侯忍之^{제후인지}면
成其大^{성기대}하고 官吏忍之^{관리인지}면 進其位^{진기위}하고
兄弟忍之^{형제인지}면 家富貴^{가부귀}하고 夫妻忍之^{부처인지}면
終其世^{종기세}하고 朋友忍之^{붕우인지}면 名不廢^{명불폐}하고
自身忍之^{자신인지}면 無禍害^{무화해}니라.

【註釋】

辭 고할 사

賜 베풀어 줄 사

害 해칠 해

諸 여러 제

侯 제후   후
進 나아갈   진

• 子張(자장) : 공자의 제자.
• 夫子(부자) : 공자를 지칭함.
• 終其世(종기세) : 일생을 해로하다.
• 名不廢(명불폐) : 이름이 더럽혀지지 않다.

【對譯】

자장이 떠나고자 공자께 하직을 고하면서 아뢰었다.

"원컨대 한 말씀만 해 주신다면 몸을 닦는 아름다운 길로 삼으려 합니다."

공자께서 말씀하셨다.

"모든 행동의 근본은 참는 것이 그 으뜸이니라."

자장이 여쭈었다.

"참으면 어떻게 됩니까?"

공자께서 말씀하셨다.

"천자가 참으면 나라에 위해가 없고, 제후가 참으면 큰 나라를 이루고, 벼슬아치가 참으면 그 지위가 올라가고, 형제가 참으면 집안이 부귀하게 되고, 부부가 참으면 일생을 함께 해로할 수 있고, 친구끼리 서로 참으면 이름이 더럽혀지지 않고, 자기 자신이 참으면 재앙이 없을 것이다."

즉, 어떤 상황에 처한다 해도 참을 줄 알아야만 재앙이 없다는 뜻이다.

6.

子張이 曰, 不忍則如何닛고 子曰,

天子不忍이면 國空虛하고 諸侯不忍이면

喪其軀하고 官吏不忍이면 刑法誅하고

兄弟不忍이면 各分居하고 夫妻不忍이면

令子孤하고 朋友不忍이면 情意疎하고

自身이 不忍이면 患不除니라

子張曰, 善哉善哉라 難忍難忍이여

非人不忍이요 不忍非人이로다.

【註釋】

患 근심   환

除 덜   제

• 國空虛(국공허) : 나라가 텅 비는 것.

• 喪其軀(상기구) : 그 몸을 잃다.

• 刑法誅(형법주) : 형법에 의하여 죽음을 당하다.

【對譯】

자장이 여쭈었다.

"참지 않으면 어떻게 됩니까?"

공자께서 말씀하셨다.

"천자가 참지 않으면 나라가 텅 비게 되고, 제후가 참지 않으면 그 몸을 잃게 되고, 벼슬아치가 참지 않으면 형법에 의하여 죽게 되고, 형제가 참지 않으면 따로 헤어져 살게 되고, 부부가 참지 않으면 그 자식들이 외롭게 되고, 친구끼리 참지 않으면 정과 뜻이 서로 갈리게 되고, 자기 자신이 참지 않으면 근심이 없어지지 않게 되느니라."

자장이 말하였다.

"참으로 훌륭한 말씀이십니다. 아, 참는다는 것은 참으로 어려운 일이며, 사람이 아니면 참지 못할 것이요, 참지 않으면 사람이 아닙니다."

즉, 하늘은 언제나 참는 자의 편에 선다. 무슨 일이든지 참아낼 수 있는 사람은 그 어떤 일이든 해낼 수 있기 때문이다.

7.
경 행 록　　운　　굴 기 자　　능 처 중
景行錄에 云, 屈己者는 能處重하고

호 승 자　　필 우 적
好勝者는 必遇敵이니라.

【註釋】

• 屈己者(굴기자) : 스스로를 굽힐 줄 아는 사람.
• 遇(우) : 만나다.

【對譯】

　자기 자신을 굽힐 줄 아는 사람은 능히 중요한 지위에 처할 수 있을 것이로되, 이기기를 좋아하는 사람은 반드시 적을 만나게 될 것이다.

　즉, 처신은 언제나 겸손하게 하되 자신을 과시하는 교만한 생각은 하지 말아야 한다는 것이다.

8.

惡人이 罵善人커든 善人은 摠不對하라
不對는 心淸閑이요 罵者는 口熱沸니라
正如人唾天하여 還從己身墜니라.

【註釋】

罵　꾸짖을　　　매
摠　거느릴　　　총

【對譯】

  악한 사람이 착한 사람을 꾸짖거든 착한 사람은 아예 이에
대꾸하지 말라. 대꾸하지 않는 사람은 마음이 맑고 한가하지만
꾸짖는 사람은 입이 뜨겁게 끓는 것과 같다. 이는 마치 사람이
하늘에 대고 침을 뱉는 것과 같아서 그 침은 다시 자기 몸에
떨어지느니라.

  즉, '누워 침 뱉기'라는 것이다.

9.
我若被人罵라도 佯聾不分説하라

譬如火燒空하여 不救自然滅이라

我心은 等虛空이어늘 摠爾飜脣舌이니라.

【註釋】

佯	거짓	양
聾	귀먹을	롱

【對譯】

  내가 만일 다른 사람으로부터 욕을 먹더라도 귀먹은 척하고

옳고 그름을 따져 말하지 말라. 비유하자면 이는 불이 허공에서 타다가 끄지 않아도 저절로 꺼지는 것과 같다. 내 마음은 이 허공과 같으니, 너희 입과 혀만이 나불댈 뿐이다.

즉, 욕을 먹는 사람, 그것을 전하는 사람, 그러나 가장 심하게 상처 입는 자는 욕을 퍼부은 그 자신이다.

10. 凡事에 留人情이면 後來에 好相見이니라.

【註釋】

• 凡事(범사) : 모든 일.
• 後來(후래) : 뒷날, 다가올 날.

【對譯】

모든 일에 인정을 남겨두면 훗날 만났을 때 서로 좋은 낯으로 대하게 되리라.

즉, 선이란 인간의 기본적인 양심이며 이성이기 때문이다.

九 | 勤學篇(근학편)

이 편은 학문에 정진하는 올바른 자세에 대한 뛰어난 명문들로 이루어져 있다. 어떤 보옥도 절차탁마의 과정을 거치지 않고는 찬란한 빛을 내는 진짜 보석이 될 수 없다. 사람도 배우지 않으면 올바르게 살아갈 수 없는 것이다.

1.

자왈 박학이독지 절문이근사
子曰, 博學而篤志하고 切問而近思하면

인재기중의
仁在其中矣니라.

【註釋】

- **篤志**(독지) : 뜻을 독실하게 갖는 것.
- **切問**(절문) : 깊이 파고들어 묻다.
- **仁在其中矣**(인재기중의) : 인은 가운데서 얻어진다는 뜻.

【對譯】

공자가 말씀하시기를,

  "널리 배우되 뜻을 독실하게 갖고 간절하게 묻되 가까운 것부터 생각해 나간다면 인(仁)은 그 가운데 있을 것이니라."
라고 하였다.

  즉, '인간 본심의 완전한 덕'인 인(仁)을 배움에 있어 반드시 실천해야 할 네 가지 덕목을 나타낸 글이다.

2.

장자왈 인지불학 여등천이무술
莊子曰, 人之不學은 如登天而無術하고

학 이 지 원 여피상운이도청천
學而智遠이면 如披祥雲而覩靑天하고

등 고 산 이 망 사 해
登高山而望四海니라.

【註釋】

術	재주	술
披	헤칠	피
望	바랄	망

• **智遠**(지원) : 지혜가 깊다.

•**祥雲**(상운) : 상서로운 구름.

•**覩**(도) : 보다.

【對譯】

장자가 말씀하시기를,

"사람이 배우지 않으면 재주도 없이 하늘에 오르려는 것과 같고, 배워서 지혜가 깊으면 상서로운 구름을 헤치고 푸른 하늘을 보며 높은 산에 올라 사해를 굽어보는 것과 같으니라."
라고 하였다.

즉, 높은 산에 올라서 바다를 굽어보는 것처럼 세상의 이치를 훤히 깨달을 수 있을 것이다.

3.
예기 왈 옥불탁 불성기
禮記에 曰, 玉不琢이면 不成器하고
인 불학 부지의
人不學이면 不知義니라.

【註釋】

琢 쪼을　　　탁

器 그릇　　　기

・禮記(예기) : 오경(五經)의 하나. 주례(周禮)라고도 함.

・不琢(불탁) : 다듬지 않다.

・不成器(불성기) : 그릇을 만들 수 없다.

【對譯】

예기에 이르기를,

'옥은 다듬지 않으면 그릇을 만들 수 없고, 사람은 배우지 않으면 의(義)를 알지 못한다.'

라고 하였다.

즉, 천재적인 재능을 지녔다 해도 그것을 찾아내어 계발하지 않으면 결국 쓸모 없게 되고 만다는 것이다.

4. 太公이 曰, 人生不學이면 如冥冥夜行이니라.

【註釋】

公 벼슬　　　　공

- 冥冥(명명) : 어둡고 어두움.
- 夜行(야행) : 밤길을 가다.

【對譯】

태공이 말하기를,

"사람이 배우지 않으면 마치 어둡고 어두운 밤길을 가는 것과 같으니라."

라고 하였다.

즉, 모두 배우기에 힘써야 한다는 것이다.

5.
_{한 문 공 왈 인 불 통 고 금}
韓文公이 曰, 人不通古今이면

_{마 우 이 금 거}
馬牛而襟裾니라.

【註釋】

通 통할　　　통

古 옛　　　고

- 韓文公(한문공) : 768~822. 중국 당(唐)나라 덕종(德宗) 때의 문학자. 자는 퇴지(退之).
- 襟裾(금거) : 금은 옷깃, 거는 옷자락.

【對譯】

한문공이 말하기를,
"사람이 고금(古今)을 알지 못하면 말과 소에 옷을 입힌 것과 같으니라."
라고 하였다.

즉, 배불리 먹고 따뜻한 옷을 입고 편히 지내면서 배우지 않는다면 금수에 가깝다는 것이다.

6.

朱文公이 曰, 家若貧이라도
不可因貧而廢學이요 家若富라도
不可恃富而怠學이니 貧若勤學이면
可以立身이요 富若勤學이면 名乃光榮하리니
惟見學者顯達이요 不見學者無成이니라
學者는 乃身之寶요 學者는 乃世之珍이니라
是故로 學則乃爲君子요 不學則爲小人이니
後之學者는 宜各勉之니라.

【註釋】

廢 폐할　　　　　폐

惟 오직　　　　　유

• 乃身之寶(내신지보) : 몸의 보배.
• 世之珍(세지진) : 세상에 보기 드문 진귀한 보배.

・**宜各勉之**(의각면지) : 마땅히 각각 힘쓰다.

【對譯】

　주문공이 말하기를,

　"만약 집이 가난하더라도 그 가난 때문에 배우는 것을 그만 둬서는 안 되고, 집이 부유하더라도 그것을 믿고 배움을 게을리해서는 안 된다. 만약 가난한 사람이 부지런히 배운다면 입신할 것이며, 부유한 사람이 부지런히 배운다면 이름은 더욱 빛날 것이다.

　오직 배워서 지식을 넓히는 사람만이 훌륭하게 되는 것을 보았으며, 배운 사람이 뜻을 이루지 못하는 것은 보지 못했노라. 배움이란 곧 몸의 보배요, 배운 사람은 곧 세상의 보배이다. 배우면 곧 군자가 되고, 배우지 않으면 소인이 되니 후에 배우는 사람은 각각 힘쓸 일이로다."
라고 하였다.

　즉, 집이 부유하다고 해서 그것을 믿고 배우지 않는다면 소인배로 전락하고 말 것이다.

7.

徽宗皇帝曰, 學者는 如禾如稻하고
(휘종황제왈 학자 여화여도)

不學者는 如蒿如草로다 如禾如稻兮여
(불학자 여호여초 여화여도혜)

國之精糧이요 世之大寶로다 如蒿如草兮여
(국지정량 세지대보 여호여초혜)

耕者憎嫌하고 鋤者煩惱이니라 他日面墻에
(경자증혐 서자번뇌 타일면장)

悔之已老로다.
(회지이로)

【註釋】

徽	아름다울	휘
稻	벼	도
嫌	싫어할	혐
煩	번민할	번
惱	괴로워할	뇌

· 徽宗皇帝(휘종황제) : 중국 북송(北宋)의 제8대 임금.

· 如禾如稻(여화여도) : 벼와 같다. 화(禾)와 도(稻)는 다같이 벼
  라는 뜻.

· 蒿(호) : 쑥.

- **鋤者**(서자) : 김 매는 사람. 서(鋤)는 호미.
- **面墻**(면장) : 담을 바라보다.
- **悔之已老**(회지이로) : 뉘우칠 때는 이미 늙어 있으리라.

【對譯】

　휘종 황제가 말씀하시기를,

　"배운 사람은 벼와 같으며, 배우지 않은 사람은 쑥과 같다. 벼는 나라의 좋은 양식이요, 세상의 큰 보배로다. 쑥은 농부가 미워하고 김 매는 사람이 힘들어 한다. 훗날 담을 바라보는 듯 답답함에 뉘우친들 이미 때는 늦었으리라."
라고 하였다.

8.　論語에 曰, 學如不及이요 惟恐失之니라.

【註釋】

惟	오직	유
恐	두려워할	공
失	잃을	실

- **論語**(논어) : 사서(史書)의 하나. 공자가 죽은 뒤에 제자들이 공자와 그 제자 사이의 문답을 모아 엮은 책.

【對譯】

논어에 말하기를,
'배우기를 미치지 못한 것같이 하고, 오직 배운 것을 잃을까
두려워하라.'
라고 하였다.

즉, 배운 것을 잃지 않도록 언제나 실생활에 실천하는 노력
이 있어야 한다는 것이다.

十 訓子篇(훈자편)

이 편에는 아이들을 어떻게 가르칠 것인가에 대한 참다운 교훈들이 수록되어 있다. 가정 교육은 그 중요성을 아무리 되풀이 강조해도 부족하다.

문명이 발달한 오늘날에도 이 훈자편에 강조되고 있는 교육의 참 의미는 매우 소중하다고 말할 수 있겠다.

1.

景行錄에 云, 賓客不來면 門戶俗하고

詩書無教면 子孫愚니라.

【註釋】

• 門戶(문호) : 집안.

• 俗(속) : 비천해지다.

• 詩書(시서) : 학문.

• 愚(우) : 어리석음.

【對譯】

경행록에 이르기를,

'손님이 찾아오지 않으면 집안이 비속해지고, 시서(詩書)를 가르치지 않으면 자손이 어리석어진다.'
라고 하였다.

즉, 자손에게 학문을 가르치지 않으면 자연 어리석어질 수밖에 없다.

2.

莊子曰, 事雖小나 不作이면 不成이요
子雖賢이나 不敎면 不明이니라.

【註釋】

- **事雖小**(사수소) : 일이 비록 작더라도.
- **不明**(불명) : 밝지 못하다. 이치에 어둡다.

【對譯】

장자가 말씀하시기를,

"일이 비록 작더라도 그것을 하지 않으면 이루어지지 않고, 자식이 비록 어질더라도 가르치지 않으면 현명하게 될 수 없느니라."

라고 하였다.

즉, 자식 교육을 소홀히 여기는 것은 큰 잘못임을 강조한 글
이다.

3.
한 서 운 황 금 만 영   불 여 교 자 일 경
漢書에 云, 黃金滿籝이 不如敎子一經이요
사 자 천 금   불 여 교 자 일 예
賜者千金이 不如敎子一藝니라.

【註釋】

• 漢書(한서) : 전한(前漢)의 고조(高祖)에서 왕망(王莽)에 이르기
  까지 229년간의 역사를 기록한 책.
• 籝(영) : 상자.

【對譯】

한서에 이르기를,
'황금이 궤짝에 가득 차 있다 하더라도 자식에게 경서 한 권
을 가르치는 것만 못하고, 자식에게 천금을 물려준다 해도 한
가지 재주를 가르치는 것만 같지 못하니라.'
라고 하였다.

즉, 황금 천 냥이 자식 교육만 못하다는 것을 역설했다.

4.

지 락　　막 여 독 서　　지 요　　막 여 교 자
至樂은 莫如讀書요 至要는 莫如教子니라.

【註釋】

- 至樂(지락) : 지극히 즐거운 것.
- 莫如(막여) : 같은 것이 없다는 뜻.

【對譯】

지극한 즐거움에 책을 읽는 것만 같음이 없고 지극히 필요한 것에 자식을 가르치는 것만 같음이 없느니라.

즉, 인생에는 여러 가지 즐거움이 있지만 좋은 책을 찾아 독서삼매에 빠지는 것만한 즐거움은 찾기 어려울 것이라는 글이다.

5.

여 영 공　　왈 내 무 현 부 형
呂榮公이 曰, 內無賢父兄하고
외 무 엄 사 우 이 능 유 성 자　　선 의
外無嚴師友而能有成者가 鮮矣니라.

【註釋】

- 呂榮公(여영공) : 중국 북송(北宋) 때의 학자.

• **內無賢父兄**(내무현부형) : 안으로 어진 부형이 없으면의 뜻.

• **鮮**(선) : 드물다.

【對譯】

　여영공이 말하기를,

　"안으로 어진 부형이 없고 밖으로도 엄한 스승과 친구가 없이 능히 뜻을 이룬 사람은 드무니라."
라고 하였다.

　즉, 어진 부형이 있고 엄격한 스승과 벗이 있어야만 성공할 수 있다는 것이다.

6.

太公이 曰, 男子失教면 長必頑愚하고
女子失教면 長必麤疎니라.

【註釋】

頑	미련할	완
麤	거칠	추
疎	드물	소

- **長必頑愚**(장필완우) : 자라서는 반드시 완악하고 어리석음.
- **麤疎**(추소) : 추(麤)는 거친 것. 소(疎)는 치밀하지 못한 것. 곧 거칠고 치밀하지 못한 것.

【對譯】

태공이 말하기를,

"남자가 가르침을 받지 못하면 자라서는 반드시 미련하고 어리석어지며, 여자가 가르침을 받지 못하면 자라서는 반드시 거칠고 솜씨가 없느니라."

라고 하였다.

즉, 남자나 여자나 자라면서 적절한 교육을 받지 못할 때 생기는 폐단을 표현한 글이다.

7.

男年長大어든 莫習樂酒하고
女年長大어든 莫令遊走니라.

【註釋】

令 명령　　　　령

遊 놀　　　　　유

• 莫習(막습) : 배우지 못하게 하는 것.
• 樂酒(악주) : 풍류와 술.

【對譯】

　남자가 나이를 먹으면 풍류나 술을 배우지 않도록 할 것이며, 여자가 나이를 먹으면 놀러다니지 않도록 하라.

　즉, 남자가 장성해지면 저속한 음악이나 과음을 경계해야 하고, 여자는 성인이 되면 일 없이 놀러다니는 것을 경계한 것이다.

8.

嚴父는 出孝子하고 嚴母는 出孝女니라.

【註釋】

嚴 엄할　　　엄
孝 효도　　　효

· 嚴父(엄부) : 엄격한 부친.
· 出(출) : 길러내다.

【對譯】

엄한 아버지는 효자를 길러내고 엄한 어머니는 효녀를 길러 낸다.

즉, 자녀 교육을 소홀히 해서는 안 된다는 말이다.

9.

憐兒어든 多與棒하고 憎兒어든 多與食하라.

【註釋】

兒 아이　　　아
與 더불어　　　여
食 밥　　　식

· **憐**(연) : 귀여워하다.

· **棒**(봉) : 몽둥이, 곧 매를 말한다.

· **憎**(증) : 미워하다.

【對譯】

　귀여운 아이는 매를 많이 때리고 미운 아이에게는 먹을 것을 많이 주라.

　즉, 부모에게 야단을 맞으며 자라지 않은 아이는 훌륭한 사람이 될 수 없다는 것이다.

10. 　　인 개 애 주 옥　　　아 애 자 손 현
人皆愛珠玉이나 我愛子孫賢이니라.

【註釋】

珠	구슬	주
我	나	아
孫	손자	손

· **愛**(애) : 사랑.

· **賢**(현) : 어질다.

【對譯】

사람들은 모두가 다 주옥을 사랑하지만 나는 자손의 어진 것을 사랑한다.

즉, 진정으로 자녀 교육에 임한다면 훌륭한 자식을 키울 수 있다는 것이다.

十一　省心篇(성심편)　上

　　이 편은 자아 성찰에 관한 여러 경구들을 모아 놓았다. 뜬 구름 같은 부귀영화, 그 속에서 떠도는 갖가지 삶의 형태 등이 짤막한 경구 속에 함축적으로 표현되어 있다. 성심편은 그 조목이 매우 길다. 그래서 상·하로 구분했다.

1.

景行錄에 云, 寶貨는 用之有盡이요

忠孝는 享之無窮이니라.

【註釋】

寶　보배　　　　보

貨　재화　　　　화

享　누릴　　　　향

窮　다할　　　　궁

- **有盡**(유진) : 다함이 있다.
- **享**(향) : 누리다.
- **無窮**(무궁) : 한이 없는 것.

【對譯】

경행록에 이르기를,

'보화는 쓰면 다함이 있되 충성과 효도는 이를 누려도 다함이 없느니라.'

라고 하였다.

즉, 정신적 가치를 물질적 가치 앞에 놓은 옛 현인들의 지혜가 빛나는 글이다.

2.

가 화 빈 야 호　　　　불 의 부 여 하
家和貧也好어니와 **不義富如何**요

단 존 일 자 효　　　　하 용 자 손 다
但存一子孝면 **何用子孫多**리요.

【註釋】

和	화할	화
貧	가난할	빈
但	다만	단

存　있을　　　　　존
用　쓸　　　　　용

• 貧也好(빈야호) : 가난해도 좋다는 뜻.
• 不義(불의) : 의롭지 못하다.

【對譯】

　집안이 화목하면 가난해도 좋으니, 의롭지 않으면 부유한들 무엇하랴. 단 한 명의 자식만이라도 효도한다면 자식 많음이 무슨 소용 있으랴.

　즉, 한 명의 자식이라도 효도하는 이가 있다면 누구든 많은 자손을 바라지 않는다는 것이다.

3.
　　부 불 우 심 인 자 효　　　부 무 번 뇌 시 처 현
　父不憂心因子孝요 夫無煩惱是妻賢이라
　　언 다 어 실 개 인 주　　　의 단 친 소 지 위 전
　言多語失皆因酒요 義斷親疎只爲錢이라.

【註釋】

因　인연　　　　　인
煩　번민할　　　　번

<table>
<tr><td>惱</td><td>괴로워할</td><td>뇌</td></tr>
<tr><td>錢</td><td>돈</td><td>전</td></tr>
</table>

· 不憂心(불우심) : 근심하지 않는 것.
· 義斷親疎(의단친소) : 의리가 끊어지고 친분이 소원해지는 것.

【對譯】

아버지의 근심 없는 마음은 자식의 효도 때문이요, 남편의 번뇌 없음은 그 아내가 어질기 때문이다. 말이 많아 말로써 실수하는 것은 모두 술 때문이며, 의가 끊어지고 친한 사이가 멀어지는 것은 오직 돈 때문이다.

즉, 돈으로 인해 문제가 얽히면 부자나 형제 사이에도 의리가 끊어지고 친분이 멀어지게 된다는 것이다.

4. 旣取非常樂이어든 須防不測憂니라.

기 취 비 상 락　　　수 방 불 측 우

【註釋】

<table>
<tr><td>旣</td><td>이미</td><td>기</td></tr>
<tr><td>取</td><td>취할</td><td>취</td></tr>
</table>

防 막을　　　　　방

- 須(수) : 모름지기.
- 不測憂(불측우) : 미리 예측할 수 없는 근심.

【對譯】

　이미 심상치 못한 즐거움을 가졌거든 모름지기 예측할 수 없는 근심이 다가올 것에 방비하라.

　즉, 사랑과 증오가 같은 뿌리에서 자라나듯이 즐거움과 근심 역시 늘 함께 한다는 것이다.

5.

<ruby>得<rt>득</rt></ruby><ruby>寵<rt>총</rt></ruby><ruby>思<rt>사</rt></ruby><ruby>辱<rt>욕</rt></ruby>하고 <ruby>居<rt>거</rt></ruby><ruby>安<rt>안</rt></ruby><ruby>慮<rt>여</rt></ruby><ruby>危<rt>위</rt></ruby>니라.

【註釋】

辱 욕될　　　　욕

· 寵(총) : 사랑하다.
· 居安(거안) : 편안히 거하다.

【對譯】

　사랑받을 때 욕됨을 생각하고, 편안한 곳에 살 때 위태로움을 생각하라.

　즉, 한때 사랑을 받으면 어느 때 또 욕이 돌아올지 모르며 편안한 데 있으면 언제 또 위험이 닥쳐올지 모를 일이니 항상 행동을 삼가고 조심해야 한다.

6.

<ruby>榮<rt>영</rt></ruby><ruby>輕<rt>경</rt></ruby><ruby>辱<rt>욕</rt></ruby><ruby>淺<rt>천</rt></ruby>하고 <ruby>利<rt>이</rt></ruby><ruby>重<rt>중</rt></ruby><ruby>害<rt>해</rt></ruby><ruby>深<rt>심</rt></ruby>이니라.

【註釋】

輕 가벼울　　　　경

• **辱淺**(욕천) : 욕됨이 얕음.
• **害深**(해심) : 해로움이 깊음.

【對譯】

영화가 가벼우면 욕됨도 얕고, 이로움이 무거우면 해로움도 깊으리라.

즉, 산이 높으면 따라서 골짜기도 깊고 산이 낮으면 골짜기도 얕다고 했다. 이(利)를 추구함이 지나치면 반드시 그 해악도 깊다는 것을 강조한 글이다.

7.

심 애 필 심 비   심 예 필 심 훼
甚愛必甚費요 **甚譽必甚毀**요

심 희 필 심 우   심 장 필 심 망
甚喜必甚憂요 **甚贓必甚亡**이니라.

【註釋】

甚 심할   심

• **費**(비) : 소모하다.
• **譽**(예) : 명예.
• **毀**(훼) : 훼손. 또는 비방.
• **贓**(장) : 뇌물을 받다.

【對譯】

사랑이 지나치면 반드시 심한 소모를 가져오고, 명예가 지나치면 반드시 심한 비방을 가져온다. 기쁨이 지나치면 반드시 심한 근심을 가져오고, 뇌물을 탐하는 마음이 지나치면 반드시 심한 멸망을 가져오느니라.

즉, 매사에 신중하고 분수를 지키는 것은 꼭 필요한 덕목이다. 알맞게 중용을 취해서 행동해야 한다는 것이다.

8.

子曰, 不觀高崖면 何以知顚墜之患이며

不臨深泉이면 何以知沒溺之患이며

不觀巨海면 何以知風波之患이리요.

【註釋】

臨	임할	림
泉	샘	천
患	근심	환

• 高崖(고애) : 높다란 낭떠러지.

- **何以知**(하이지) : 어찌 알리요.
- **顚墜**(전추) : 위에서부터 굴러 떨어지는 것.
- **沒溺**(몰닉) : 물에 빠져드는 것.

【對譯】

공자가 말씀하시기를,

"높은 낭떠러지를 보지 않고서야 어찌 굴러 떨어지는 근심을 알 것이며, 깊은 연못에 가지 않고서야 어찌 빠져 죽는 근심을 알 것이며, 큰 바다를 보지 않고서야 어찌 풍파의 근심을 알 것이랴."

라고 하였다.

즉, 먼 앞날을 걱정하지 않으면 가까운 날에 반드시 근심이 있으리라고 경고한 글이다.

9.

욕 지 미 래　　　선 찰 이 연
欲知未來거든 先察已然하라.

【註釋】

察 살필　　　　**찰**

- **未來**(미래) : 앞날, 장래.
- **已然**(이연) : 이미 지나간 일.

【對譯】

미래를 알고자 하거든 먼저 지난 일들을 살펴라.

10. 子曰, 明鏡은 所以察形이요
往者는 所以知今이니라.

【註釋】

鏡 거울　　　　경

形 형상　　　　형

【對譯】

공자가 말씀하시기를,
"맑은 거울은 얼굴을 살피게 하며, 지나간 일은 현재를 알게
하느니라."
라고 하였다.

즉, 군자는 거울을 대할 때마다 그 거울의 맑은 본성을 취해,
얼굴을 비추는 거울처럼 자신의 마음을 맑게 해 세상을 비추는
것이다.

11.

過去事_는 如明鏡_{이요} 未來事_는
暗似漆_{이니라}.

과거사 여명경 미래사
암 사 칠

【註釋】

• 漆(칠) : 옻칠을 뜻하나 여기서는 칠흑(漆黑)으로 해석해야 함.

【對譯】

　지나간 일은 맑은 거울과 같고, 미래의 일은 어둡기가 칠흑
(漆黑)과 같도다.

　즉, 미래의 일이란 칠흑처럼 캄캄해서 도무지 알 길이 없다
는 말이다.

12.

景行錄_에 云, 明朝之事_를 薄暮_에 不可必_{이요}
薄暮之事_를 晡時_에 不可必_{이니라}.

경 행 록 운 명 조 지 사 박 모 불 가 필
박 모 지 사 포 시 불 가 필

【註釋】

• 不可必(불가필) : 곧 알 수 없는 것. 꼭 그렇게 할 수 없는 것.

• **晡時**(포시) : 신시(申時), 오후 4시경.

【對譯】

경행록에 이르기를,
'내일 아침의 일은 저녁 무렵에 꼭 알지 못하여 저녁의 일을
오후 4시에도 반드시 알지는 못하느니라.'
라고 하였다.

즉, 오늘 저녁에 내일 아침의 일을 알지 못하며 저녁의 일을
오후 네 시에도 알지 못한다는 말이다. 그러니 언제나 말과 행
동을 조심해서 앞날에 대비할 것을 가르치는 교훈이다.

13.

천 유 불 측 풍 우 　 인 유 조 석 화 복
天有不測風雨하고 **人有朝夕禍福**이니라.

【註釋】

 재앙　　　화

• **不測**(불측) : 예측할 수 없는 것.
• **風雨**(풍우) : 바람과 비. 비바람.

【對譯】

하늘에는 예측할 수 없는 비바람이 있고 사람에게는 아침저

녁으로 화(禍)와 복(福)이 있느니라.

즉, 운명의 무상함 속에서 인간이 살고 있다는 것을 깨달으라는 가르침이다.

14.

미 귀 삼 척 토　　　난 보 백 년 신
未歸三尺土하얀 難保百年身이요

이 귀 삼 척 토　　　난 보 백 년 분
已歸三尺土하얀 難保百年墳이니라.

【註釋】

保 보전할　　　보

墳 무덤　　　분

【對譯】

아직 석 자 흙 속으로 돌아가지 않고서는 백 년의 몸을 지탱하기가 어렵고, 이미 석 자 흙 속으로 돌아가서는 백 년의 무덤을 보전키 어려우리라.

즉, 무상한 인생에 회한마저 남긴다면 얼마나 더욱 덧없겠는가. 따라서 인생에서 가장 중요한 것은 올바른 마음으로 정도(正道)를 걷는 것이라는 뜻이다.

15.

景行錄에 云, 木有所養則根本固
而枝葉茂하여 棟樑之材成하고
水有所養則泉源壯而流派長하여
灌漑之利博하고
人有所養則志氣大而識見明하여
忠義之士出이니 可不養哉아.

【註釋】

根 뿌리　　　근

葉 잎사귀　　엽

茂 무성할　　무

• 棟樑之材(동량지재) : 마룻대와 대들보감을 만들 수 있는 훌륭한 재목.

• 灌漑(관개) : 논밭에 물을 대는 것.

• 可不養哉(가불양재) : 기르지 않을 수 있겠는가.

【對譯】

경행록에 이르기를,

'나무를 잘 기르면 뿌리가 튼튼하고 가지와 잎이 무성해서 마룻대와 대들보감을 이룬다. 물은 그 물의 근원을 넓게 해야 물의 흐름이 길어져 관개에 이로움이 많다. 사람은 뜻과 기상이 크고 식견을 밝게 길러야 충성스럽고 의로운 인물이 배출된다. 그러니 어찌 이와 같이 기르지 않겠는가.'
라고 하였다.

즉, 사람은 인재를 알아보는 안목과 제대로 기를 줄 아는 지혜를 가져야 걸출한 인물을 배출해 낼 수 있다는 것이다.

16.

自信者는 人亦信之하나니 吳越이 皆兄弟요 自疑者는 人亦疑之하나니 身外皆敵國이니라.

【註釋】

疑 의심할　　의

敵 원수　　적

· 吳越(오월) : 춘추전국(春秋戰國) 시대의 오나라와 월나라. 원수
  사이를 흔히 오월(吳越)이라는 말로 표현한다.
· 身外(신외) : 자기 이외의 사람이나 나라.

【對譯】

스스로를 믿는 사람은 다른 사람도 또한 믿으니 오(吳)와 월
(越)일지라도 모두 형제처럼 될 수 있고, 스스로를 의심하는 사
람은 다른 사람도 또한 의심하니 자기 이외에는 모두 적국처럼
될지니라.

즉, 자기 스스로를 의심하는 사람은 그 마음을 미루어서 다
른 사람도 의심하게 되니 자연 남도 또한 그를 의심하게 된다
는 말이다.

17.
의 인 막 용　　　용 인 물 의
疑人莫用하고 用人勿疑니라.

【註釋】

· 疑人(의인) : 남을 의심하다.
· 莫用(막용) : 쓰지 말아라.

【對譯】

의심스러운 사람은 쓰지 말 것이요, 사람을 썼거든 의심하지

말지니라.

즉, 사람이 의심스러우면 쓰지 말 일이요, 사람을 일단 쓴 이
상은 의심하지 말라는 말이다.

18.
^{풍 간} ^운 ^{수 저 어 천 변 안}
諷諫에 云, 水底魚天邊雁은

^{고 가 사 혜 저 가 조}
高可射兮低可釣이어니와

^{유 유 인 심 지 척 간} ^{지 척 인 심 불 가 료}
惟有人心咫尺間에 咫尺人心不可料니라.

【註釋】

底 밑　　　저

邊 변방　　변

釣 낚시　　조

- 諷諫(풍간) : 슬며시 꾸짖는 뜻을 비추어 다른 사람을 빗대어
  깨우치는 책 이름.
- 可射(가사) : 쏠 수 있다.
- 咫尺(지척) : 지극히 가까운 거리.
- 料(요) : 헤아리다.

【對譯】

풍간에 이르기를,

'물 속 깊이 있는 고기와 하늘 높이 떠 있는 기러기는, 높은 데 있는 것은 활로 쏘고 낮은 데 있는 것은 낚을 수 있다. 그러나 오직 사람의 마음은 바로 곁에 있어도 그 가까이 있는 마음을 가히 헤아릴 길이 없도다.'
라고 하였다.

즉, 마음 밑바닥은 이 세상 끝보다도 더 깊다는 말이다.

19.

화 호 화 피 난 화 골
畫虎畫皮難畫骨이요

지 인 지 면 부 지 심
知人知面不知心이니라.

【註釋】

- **難畫骨**(난화골) : 뼈를 그리기는 힘들다는 뜻.
- **不知心**(부지심) : 마음을 알지 못하다.

【對譯】

호랑이를 그림에 있어 가죽은 그릴 수 있으나 그 뼈를 그리기는 어렵고, 사람을 앎에 있어 얼굴은 알 수 있으나 그 마음은 알 수 없도다.

즉, 열 길 물 속은 알아도 한 길 사람의 마음속은 알 길이 없다는 것이다.

20.

대 면 공 화 　 심 격 천 산
對面共話하되 **心隔千山**이니라.

【註釋】

話 이야기 　　 화

隔 막을 　　　　격

• 隔千山(격천산) : 수없이 많은 산을 의미한다. 또 서로 멀리 떨어저 있음을 표현한 것이다.

【對譯】

얼굴을 맞대고 서로 이야기는 하지만 마음은 여러 산이 막힌 듯 멀리 떨어져 있다.

즉, 헤아릴 길 없는 세상의 인심이 무상함을 한탄하는 말이다.

21.

해 고 종 견 저 　　　인 사 부 지 심
海枯終見底나 人死不知心이니라.

【註釋】

• 海枯(해고) : 바닷물이 마르다.
• 終見底(종견저) : 마침내 바닥을 보다.

【對譯】

바다는 마르면 마침내는 그 바닥을 볼 수 있지만 사람은 죽어도 그 마음속을 알지 못하느니라.

즉, 사람의 마음은 헤아리기가 힘들다는 것을 강조한 글이다.

22.

太公이 曰, 凡人은 不可逆相이요

海水는 不可斗量이니라.

【註釋】

凡 무릇　　범

・逆相(역상) : 앞으로 닥쳐올 운명을 점치는 것.
・斗量(두량) : 말로써 되다. 두(斗)는 말.

【對譯】

태공이 말하기를,

"무릇 사람은 가히 앞날을 점칠 수가 없고, 바닷물은 말로써 그 양을 측정할 수 없느니라."
라고 하였다.

즉, 사람의 앞날을 예측할 수 없음을 강조한 글이다.

23.

景行錄에 云, 結怨於人은 謂之種禍요

捨善不爲는 謂之自賊이니라.

【註釋】

捨 버릴　　　　사

- **結怨**(결원) : 원수를 맺는 것.
- **種禍**(종화) : 재앙의 씨앗을 심는 것.
- **自賊**(자적) : 스스로를 해치는 것.

【對譯】

　경행록에 이르기를,

　'다른 사람과 원수를 맺는 것은 재앙의 씨앗을 뿌리는 것이요, 착함을 버리고 행하지 않는 것은 스스로 제 몸을 해치는 것이니라.'

라고 하였다.

　즉, 남을 용서하고 화합하여 남과 원수를 맺는 일을 피하는 것이 좋다는 뜻이다.

24.

약 청 일 면 설　　　편 견 상 이 별
若聽一面說이면 便見相離別이니라.

【註釋】

- **若**(약) : 만약.
- **便**(변) : 문득.

· **相離別**(상리별) : 서로 멀어지다.

【對譯】

　만약 한쪽의 말만 듣게 되면 친한 사이가 갑자기 멀어지고 말리라.

　즉, 어느 한편의 말만 듣게 된다면 자칫 미혹에 빠지는 어리석음을 저지를 수 있다는 것이다.

25.
_{포 난} _{사 음 욕} _{기 한} _{발 도 심}
── **飽煖**엔 **思淫慾**하고 **飢寒**엔 **發道心**이니라. ──

【註釋】

飢 굶주릴　　　기
寒 찰　　　　　한

· **飽煖**(포난) : 배부르고 따뜻한 것.
· **淫慾**(음욕) : 남녀간의 정욕.
· **道心**(도심) : 도덕적 마음.

【對譯】

　배부르고 따뜻하면 음욕이 생각나고, 굶주리고 추우면 도심

(道心)이 일어나느니라.

즉, 부유할 때 자칫 빠지게 되는 도덕 상실을 경계한 글이다.

26.

소광 왈 현인다재즉손기지
疏廣이 曰, 賢人多財則損其志하고

우인다재즉익기과
愚人多財則益其過니라.

【註釋】

財 재물　　　재

• **疏廣**(소광) : 한(漢)나라 때의 사람. 왕이 재물을 주자 이를 그
　의 친구들에게 나누어 주었다.

• **損其志**(손기지) : 그 지조를 손상하다.

• **益其過**(익기과) : 그 허물을 더하다.

【對譯】

소광이 말하기를,
"어진 사람이 재물이 많으면 그의 지조가 손상되고, 어리석
은 사람이 재물이 많으면 허물을 더하느니라."
라고 하였다.

즉, 부로 인해 어리석은 삶을 살지 말라는 것이다.

27.
인 빈 지 단　　복 지 심 령
―― 人貧智短하고 福至心靈이니라. ――

【註釋】

貧　가난할　　　빈

- 智短(지단) : 지혜가 짧아지다. 지혜가 천박해지는 것.
- 心靈(심령) : 마음이 밝아지다. 존귀해지다.

【對譯】

사람이 가난하면 지혜가 천박해지고, 복이 이르면 마음이 존귀해진다.

즉, 가난은 제때에 예절을 갖추지 못하게 하니 허물이 될 수밖에 없을 것이다.

28.
불 경 일 사　　부 장 일 지
―― 不經一事면 不長一智니라. ――

【註釋】

- 不經(불경) : 경험하지 않으면.
- 不長(부장) : 자라지 않다.

【對譯】

한 가지 일을 경험하지 않으면 한 가지 지혜도 자라지 않으리라.

즉, 경험의 중요성을 강조한 글이다. 무슨 일이든 제대로 경험해 보고 지혜로 삼음으로써 인생의 참된 의미를 터득함을 지적하였다.

29. 是非終日有라도 不聽自然無니라.
시비종일유　　　불청자연무

【註釋】

• 終日(종일) : 하루 종일.
• 不聽(불청) : 듣지 않는다.

【對譯】

하루 종일 시비가 있을지라도 이를 듣지 않으면 저절로 없어진다.

즉, 상대방이 시비를 걸어 하루 종일 말썽을 부리더라도 이편에서 상대를 안 하게 되면 그 말썽은 저절로 없어지게 된다는 뜻이다.

30.

내설시비자　　편시시비인

─── 來説是非者는 便是是非人이니라. ───

【註釋】

·是非(시비) : 옳고 그름을 따지는 것.

【對譯】

　찾아와서 남의 시비를 이야기하는 사람이 곧 나에게 시비하는 사람이다.

　즉, 지나치게 쓸데없이 이 말 저 말 하고 다니며 시비를 가리려고 드는 것 역시 그다지 옳은 행위가 아니라는 말이다.

31.

격양시　운　평생　부작추미사

─── 擊壤詩에 云, 平生에 不作皺眉事하면 ───

세상　응무절치인　　대명

世上에 應無切齒人이니 大名을

기유진완석　노상행인　구승비

豈有鐫頑石가 路上行人이 口勝碑니라.

【註釋】

皺　주름 잡힐　　추

| 鐫 | 새길 | 전 |
| 碑 | 비석 | 비 |

【對譯】

격양시에 이르기를,

'평생 동안 눈썹 찡그릴 일을 하지 않으면 세상에 이를 갈 사람이 없을 것이다. 크게 떨친 이름을 어찌 뜻없는 돌에다 새길 것인가. 길 가는 사람이 하는 말은 비석을 세우는 것보다 나으니라.'

라고 하였다.

즉, 선을 행하라는 뜻이다. 무딘 돌에 새긴 이름이 무엇이 대단하겠는가. 그보다 죽은 후에도 많은 사람들의 입에 회자되는 명성이 진정한 명성이 아니겠는가.

32.

有麝自然香이니 何必當風立고.

(유사자연향   하필당풍립)

【註釋】

| 麝 | 사향노루 | 사 |
| 何 | 어찌 | 하 |

• **麝香**(사향) : 노루 수컷의 배꼽과 향주머니를 쪼개서 말린 향료.
• **當風立**(당풍립) : 바람을 맞아 서다. 곧 바람을 맞이하는 것.

【對譯】

　사향을 가졌으며 저절로 향기로운데 어찌 꼭 바람을 맞아 서야 하리요.

　즉, 높은 학덕을 지닌 사람은 스스로 자랑하지 않더라도 언젠가는 세상이 저절로 그의 학덕을 알아줄 날이 오게 마련이다.

33.

有福莫享盡하라 福盡身貧窮이요
유복막향진   복진신빈궁

有勢莫使盡하라 勢盡冤相逢이니라
유세막사진   세진원상봉

福兮常自惜하고 勢兮常自恭하리
복혜상자석   세혜상자공

人生驕與侈는 有始多無終이니라.
인생교여치   유시다무종

【註釋】

逢 만날 봉

勢 세력 세

恭 공손할 공

• 莫享盡(막향진) : 다 누리지 말라.
• 莫使盡(막사진) : 다 부리지 말라.
• 冤相逢(원상봉) : 원수와 서로 만나다.
• 自惜(자석) : 스스로 아끼는 것.
• 多無終(다무종) : 나중이 없는 것이 많다.

【對譯】

　복이 있다고 모두 다 누리지 말라. 복이 다하면 몸이 빈궁해지느니라. 권세가 있다고 함부로 부리지 말라. 권세가 다하면 원수와 서로 만나게 되느니라. 복이 있거든 항상 스스로 아끼고, 권세가 있거든 항상 몸소 삼가라. 인생에 있어서 교만함과 사치함은 시작은 있으나 나중이 없음이 많을지니라.

즉, 복과 재화가 찾아올수록 근신하고 자중해서 덕을 길러야 하는 것이다.

34.

王參政四留銘에 曰, 留有餘不盡之巧하여
以還造物하고 留有餘不盡之祿하여
以還朝廷하고 留有餘不盡之財하여
以還百姓하고 留有餘不盡之福하여
以還子孫이니라.

【註釋】

留	머무를	류
還	돌아올	환
祿	녹	록

- **王參政**(왕참정) : 중국 북송(北宋) 진종(眞宗) 때의 정치가.
- **四留銘**(사류명) : 네 가지 남겨둠에 대한 명문(銘文).
- **不盡**(부진) : 다 쓰지 않다.
- **巧**(교) : 기교, 재주.

【對譯】

여유를 두어 재주를 다 쓰지 않았다가 조물주에게 돌려주고, 여유를 두어 봉록(俸祿)을 다 쓰지 않았다가 나라에 돌려주며, 여유를 두어 재물을 다 쓰지 않았다가 백성에게 돌려주고, 여유를 두어 복을 다 누리지 않았다가 자손에게 돌려줄지니라.

즉, 복이 좀 있다고 해서 그것을 마음껏 누려서도 안 된다. 지나침은 모자람만 못하니, 언제나 반쯤의 여유는 두어야만 한다는 것이다.

35.

黃金千兩이 未爲貴요

得人一語勝千金이니라.

【註釋】

- **未爲貴**(미위귀) : 귀함에 미흡하다.
- **勝千金**(승천금) : 천금을 이기다.

【對譯】

황금 천 냥이 귀한 것이 아니라, 다른 사람의 좋은 말 한 마디 듣는 것이 천금보다 나으니라.

즉, 아무리 황금이 귀중하다 해도 한 마디의 좋은 말을 얻어 듣는 것보다 못하다는 뜻이다.

36.

巧者는 拙之奴요 苦者는 樂之母니라.

【註釋】

巧 재주 교

奴 종 노

· 拙(졸) : 재주 없는 사람.
· 苦者(고자) : 고생하는 것.
· 母(모) : 모체, 즉 근본.

【對譯】

재주 있는 사람은 재주 없는 사람의 노예가 되고, 고생하는 것은 즐거움의 근본이 될지니라.

즉, 힘들여 노력하면 즐거움이 돌아온다는 것이다.

37.
소 선　　난 감 중 재　　심 경　　불 의 독 행
小船은 難堪重載요 深逕은 不宜獨行이니라.

【註釋】

船	배	선
載	실을	재
獨	홀로	독

· 難堪(난감) : 감당하기 어려운 것.
· 深逕(심경) : 으슥한 길.
· 不宜(불의) : 마땅치 않다.

【對譯】

작은 배는 무겁게 실으면 감당하지 못하고, 으슥한 길은 혼자 다니기에 좋지 않느니라.

즉, 과욕을 부려 분수에서 벗어나는 짓을 하지 말라는 것과 매사에 근신한 생활 태도를 지니라는 의미이다.

38.
황 금　　미 시 귀　　안 락　　치 전 다
黃金이 未是貴요 安樂이 値錢多니라.

【註釋】

・**未是貴**(미시귀) : 귀하지 않다.
・**値錢**(치전) : 값을 말함.

【對譯】

　황금이 귀한 것이 아니라 편안하고 즐거운 것이 보다 값진 것이니라.

　즉, 인생에서 가치 있는 것은 황금이 아니라 오히려 편안하고 즐거운 생활임을 강조한 글이다.

39.
在家에 不會邀賓客이면 出外에
方知少主人이니라.

【註釋】

賓 손　　　　빈
客 손　　　　객

・**不會**(불회) : 알지 못하다.
・**邀**(요) : 맞이하다.

• 方(방) : 바야흐로.

【對譯】

자기 집에 손님을 맞아 대접할 줄 모르면 밖에 나갔을 때에 비로소 주인 노릇 하는 것을 조금 알게 된다.

즉, 집에 찾아오는 손님은 정중히 대접하여 주인으로서의 도리를 다해야 한다는 글이다.

40.

빈 거 뇨 시 무 상 식
貧居鬧市無相識이요
부 주 심 산 유 원 친
富住深山有遠親이니라.

【註釋】

鬧	시끄러울	뇨
識	알	식
遠	멀	원
親	친할	친

• 貧居(빈거) : 가난하게 살다.
• 鬧市(요시) : 번화한 시장.

【對譯】

가난하게 살면 번화한 시장거리에 살아도 서로 아는 사람이 없고, 넉넉하게 살면 깊은 산골에 살아도 먼 친척이 찾아오느니라.

즉, 가난하게 살면 이웃 친척들도 다 멀어진다는 인정세태를 말한 것이다.

41.

人義는 盡從貧處斷이요 世情은 便向有錢家니라.

【註釋】

 斷 끊어질 단

· 人義(인의) : 사람의 의리.
· 從(종) : 따르다, 좇다.
· 向(향) : 쏠리다.

【對譯】

사람의 의리는 다 가난을 좇아 끊어지고, 세상의 인정은 곧 돈 있는 집으로 쏠린다.

즉, 사람이 가난해지면 가까운 친척도 사이가 멀어지고 의리가 끊어진다는 것이다.

42.

영색무저항　　　난색비하횡
寧塞無底缸이언정 難塞鼻下橫이니라.

【註釋】

 鼻 코　　　비

- **寧**(영) : 차라리.
- **塞**(색) : 막는다.
- **無底缸**(무저항) : 밑 빠진 항아리.
- **鼻下橫**(비하횡) : 입을 말한다.

【對譯】

차라리 밑 빠진 항아리는 막을지언정 코 밑에 가로놓인 입은 막기가 어렵다.

즉, 사람이 먹지 않고서는 살아갈 수 없다는 것이다.

43.

인정　　　개위군중소
人情은 皆爲窘中疎니라.

【註釋】

·窘(군) : 군색하다.
·疎(소) : 멀어지다.

【對譯】

사람의 정은 다 군색한 가운데서 멀어지게 된다.

즉, 가난하게 되면 친구나 친척들도 찾아오지 않게 되고 자연히 서로 인정이 멀어지고 만다.

44.

史記_{사기}에 曰_왈, 郊天禮廟_{교천예묘}는 非酒不享_{비주불향}이요

君臣朋友_{군신붕우}는 非酒不義_{비주불의}요

鬪爭相和_{투쟁상화}는 非酒不勸_{비주불권}이라 故_고로

酒有成敗而不可泛飮之_{주유성패이불가범음지}니라.

【註釋】

鬪 던질　　　　투

爭 다툴　　　　쟁

• 史記(사기) : 중국 한(漢)나라 사마천(司馬遷)이 황제(黃帝)로부
　터 한무제(漢武帝)까지의 역대 왕조의 발자취를 기록한 기
　전체(紀傳體)의 역사책임.

• 郊(교) : 교사(郊祀). 하늘과 땅에 지내는 제사.

• 廟(묘) : 선조의 위패를 모신 사람.

• 享(향) : 귀신의 흠향하다.

• 泛飮(범음) : 함부로 마시다.

【對譯】

　사기에 이르기를, 하늘에 제사 지내고 사당에 제사를 올리는

데는 술이 아니면 제물을 받지 않을 것이며, 임금과 신하, 친구 사이에도 술이 아니면 그 의리가 두터워지지 않을 것이요, 싸움을 한 후 서로 화해하는 데도 술이 아니면 권하지 못할 것이다. 그러므로 술은 성공과 실패가 있으니 이를 마시되 함부로 하여서는 안 되느니라.

즉, 술이란 이처럼 일의 성패에 커다란 역할을 하고 있는 것이므로 함부로 마시는 일이 없어야 한다.

45.

자왈　사지어도이치악의악식자
子曰, 士志於道而恥惡衣惡食者는

미족여의야
未足與議也이니라.

【註釋】

- **志於道**(지어도) : 도에 뜻을 두다.
- **惡衣惡食**(악의악식) : 천한 옷을 입고 조악한 음식을 먹는 것.

【對譯】

공자가 말씀하기를,

"선비가 도(道)에 뜻을 두고서 나쁜 옷과 나쁜 음식을 먹는 것을 부끄럽게 여긴다면 그런 사람과는 서로 같이 의논할 것이 없느니라."

라고 하였다.

즉, 나쁜 옷과 나쁜 음식을 부끄럽게 여기는 사람이라면 선비로서의 자격이 없다고 보아야 한다는 것이다.

46.

순자왈 사유투우즉현교불친
筍子曰, 士有妬友則賢交不親하고

군유투신즉현인부지
君有妬臣則賢人不至니라.

【註釋】

 **賢** 어질   현

- **妬友**(투우) : 벗을 시기하다.
- **不至**(부지) : 오지 않다.

【對譯】

순자가 말씀하시기를,

"선비가 친구를 시기하면 어진 사람과 사귀어 친할 수 없고, 임금이 신하를 시기하면 어진 사람이 이르러 오지 않느니라."
라고 하였다.

즉, 선비나 임금이나 시기하는 일이 있어서는 안 된다는 것을 역설한 글이다.

47.

천불생무록지인
天不生無祿之人하고

지부장무명지초
地不長無名之草이니라.

【註釋】

- **不生**(불생) : 생겨나지 않다.
- **無祿**(무록) : 녹이 없는 것.
- **不長**(부장) : 기르지 않다.

【對譯】

하늘은 녹(祿) 없는 사람을 태어나게 하지 않고, 땅은 이름 없는 풀을 기르지 않느니라.

48.

대부 유천   소부 유근
大富는 **由天**하고 **小富**는 **由勤**이니라.

【註釋】

- **大富**(대부) : 큰 부자.

• 由天(유천) : 하늘의 뜻에 달려 있다.
• 由勤(유근) : 부지런한 데 달려 있다.

【對譯】

큰 부자는 하늘의 뜻에 달려 있고, 작은 부자는 부지런한 데 달려 있느니라.

즉, 작은 부자는 얼마나 근면히 힘쓰는가에 달려 있다는 것이다.

49.
成家之兒는 惜糞如金하고 敗家之兒는
用金如糞이니라.

【註釋】

• 成家(성가) : 집을 이룩하다.
• 惜(석) : 아끼다.
• 糞(분) : 똥.
• 用金(용금) : 돈을 쓰는 것.

【對譯】

집을 일으킬 아이는 똥을 아끼기를 금같이 하고, 집을 망칠 아이는 돈 쓰기를 똥같이 하느니라.

  즉, 부모는 지독하게 근검 절약을 해 재산을 이루어도 방탕
한 자식을 두면 부가 다 물거품이 된다는 말이다. 예로부터 비
료 대신 쓰여 온 인분(人糞)을 금처럼 아끼는 사람이라면 농토
를 기름지게 해서 성공적인 농사를 지었다는 것이다.

50.

康節邵先生이 曰, 閑居에 愼勿説無妨하라

繞説無妨便有妨이니라 爽口勿多終作疾이요

快心事過必有殃이라 與其病後能服藥으론

不若病前能自防이니라.

【註釋】

愼 삼갈　　　　　신

殃 재앙　　　　　앙

• 勿說(물설) : 말하지 말라.
• 爽口(상구) : 입에 맞다.
• 勿多(물다) : 많이 먹지 말라.

• 作疾(작질) : 병이 생긴다.

【對譯】

　강절소 선생이 말씀하시기를,
　"편안하고 한가롭게 살 때 삼가하여 걱정거리가 없다고 말하지 말라. 걱정할 것이 없다고 말하자마자 곧 걱정거리가 생길 것이다. 입에 맞는다고 음식을 너무 많이 먹으면 병이 생길 것이요, 마음에 쾌적한 일이라고 하여 지나치다 보면 반드시 재앙이 따르리라. 병이 든 후에 약을 먹는 것보다는 병이 들기 전에 스스로 예방하는 것이 좋으니라."
라고 하였다.

51.

자동제군수훈 왈 묘약
梓童帝君垂訓에 曰, 妙藥이

난의원채병 횡재 불부명궁인
難醫冤債病이요 橫財는 不富命窮人이야

생사사생 군막원 해인인해
生事事生을 君莫怨하고 害人人害를

여휴진 천지자연개유보
汝休嗔하라 天地自然皆有報하니

원재아손근재신
遠在兒孫近在身이니라.

【註釋】

垂	드릴	수
訓	가르칠	훈
妙	묘할	묘
醫	병 고칠	의

- 梓童帝君(자동제군) : 도가(道家)에서 받들어 모시는 신.
- 冤債病(원채병) : 원한으로 생긴 병.
- 命窮人(명궁인) : 운명이 궁박한 사람.
- 害人(해인) : 남을 해치다.
- 人害(인해) : 남이 나를 해치는 것.
- 休嗔(휴진) : 성내지 말라는 뜻.

【對譯】

　자동제군이 훈계를 내려 말하기를,

　"아무리 신묘한 약이라도 원한으로 인한 병은 고치기 어렵고, 뜻밖에 생긴 재물도 운수가 궁한 사람을 부자가 되게 할 수는 없다. 일을 저지르고 나서 일이 생겼다고 원망하지 말고, 남을 해치고 나서 남이 해치는 것을 꾸짖지 말라. 하늘과 땅 사이의 모든 일에는 갚음이 있으니, 그것이 멀면 자손에게 있고 가까우면 자기 몸에 있으리라."
라고 하였다.

　즉, 하늘과 땅 사이의 모든 일에는 인과응보가 있다는 것을 깊이 명심해야 한다.

52.

花落花開開又落하고 錦衣布衣更換着이라
毫家未必常富貴요 貧家未必長寂寞이라
扶人未必上靑霄요 推人未必塡邱壑이라
勸君凡事를 莫怨天하라 天意於人에
無厚薄이니라.

【註釋】

錦 비단　　　금

換 바꿀　　　환

- **未必**(미필) : 반드시 ~하지 않는다.
- **扶人**(부인) : 사람을 붙잡아 올리는 것.
- **靑霄**(청소) : 푸른 하늘.
- **推人**(추인) : 사람을 밀어뜨리다.
- **塡**(전) : 굴러 떨어지다.
- **邱壑**(구학) : 깊은 골짜기. 구렁텅이.

【對譯】

　꽃은 졌다가 피고, 피었다가 또 진다. 비단옷도 다시 베옷으로 바꿔 입게 된다. 재산이 많은 사람이라고 해서 언제까지나 부자인 것은 아니며, 가난한 집이라고 해서 반드시 언제까지나 적막하랴.

　사람을 붙잡아 올려도 반드시 하늘에는 오르지 못할 것이며, 사람을 밀어뜨린다고 해서 반드시 깊은 골짜기에 굴러 떨어지지는 않을 것이다. 그대에게 권하노니, 모든 일을 하늘에 대고 원망하지 말라. 하늘의 뜻은 사람에게 후하고 박함이 없노라.

　즉, 꽃도 피어나면 질 때가 있고 달도 차면 기울 때가 있으며 아침이 있으면 저녁이 있다. 그러니 지금의 삶이 고달프다고 해서 하늘에 대해 원망하지 말라는 것이다.

53.

감탄인심독사사　　수지천안전여차
堪歎人心毒似蛇라 誰知天眼轉如車요

거년망취동인물　　금일환귀북사가
去年妄取東隣物터니 今日還歸北舍家이라

무의전재탕발설　　당래전지수추사
無義錢財湯潑雪이요 儻來田地水推沙니라

약장교휼위생계　　흡사조운모락화
若將狡譎爲生計면 恰似朝雲暮落花이라.

【註釋】

堪 맡을　　　　감

隣 이웃　　　　린

推 옮길　　　　추

- 湯潑雪(탕발설) : 끓는 물에 뿌려진 눈.
- 儻來(당래) : 뜻밖에 얻게 됨.
- 狡譎(교휼) : 교활하게 속이는 것.

【對譯】

　　한탄하여 마지않는다. 사람 마음 독하기가 뱀 같음을 누가 하늘의 보는 눈이 수레바퀴처럼 돌아보고 있음을 아랴. 지난 해에 망녕되어 동쪽 이웃에 있는 물건을 탐내어 가져왔더니, 오늘은 물러나 북쪽 집으로 돌아갔구나.

불의로써 얻은 재물은 끓는 물에 뿌려진 눈이요, 뜻밖에 얻어진 전답은 물에 밀려온 모래로다. 만약 간교한 속임수로써 생계를 삼는다면 그것은 마치 아침에 피었다가 저녁에 지고 마는 꽃과 같으니라.

즉, 무슨 일에든지 정도가 있다. 이 정도를 벗어나면 그 어떤 것도 멸망한다는 것이다.

54. 무 약 가 의 경 상 수 유 전 난 매 자 손 현

無藥可醫卿相壽요 有錢難買子孫賢이니라.

【註釋】

 병 고칠   의

• 卿相(경상) : 재상의 높은 지위.
• 難買(난매) : 사기 어렵다.

【對譯】

경상(卿相)의 수명을 고치는 약은 없고, 돈이 있어도 자손의 현철함은 사지 못할지니라.

즉, 누구라도 죽음의 불가피성 앞에서는 무력하고, 아무리 돈이 많아도 자손의 현명함은 사들일 수 없다는 것이다.

55. 一日淸閑이면 一日仙이니라.

【註釋】

• 淸閑(청한) : 마음이 깨끗하고 한가한 것.
• 仙(선) : 신선.

【對譯】

단 하루라도 마음이 맑고 한가하다면, 그 하루는 신선이 된 것과 같으리라.

즉, 매사를 낙관적으로 해석하여 마음을 느긋하게 가지라는 것이다.

十二 | 省心篇(성심편) 下

이 하편도 역시 상편과 마찬가지로 삶의 여러 면모에 관한 깊은 성찰들로 이루어져 있다. 한 구절에서 인생의 무상함과 절실함을 동시에 느낄 수 있다.

1.

眞宗皇帝御製에 曰, 知危識險이면
진종황제어제 왈 지위식험

終無罹網之門이요 擧善薦賢이면
종무리망지문 거선천현

自有安身之路라 施仁布德은
자유안신지로 시인포덕

乃世代之榮昌이요 懷妬報冤은
내세대지영창 회투보원

與子孫之爲患이라 損人利己면
여자손지위환 손인이기

終無顯達雲仍이요 害衆成家면
종무현달운잉 해중성가

기 유 장 구 부 귀　　　개 명 이 체
豈有長久富貴리요 改名異體는

개 인 교 어 이 생　　　화 기 상 신
皆因巧語而生이요 禍起傷身은

개 시 불 인 지 소
皆是不仁之召니라.

【註釋】

險　험할　　　험

薦　천거할　　　천

懷　품을　　　회

- 罹網(니망) : 그물을 벌여 놓는 것.
- 報冤(보원) : 원한을 갚다.
- 雲仍(운잉) : 자손을 말함.
- 異體(이체) : 자신의 정체를 남에게 알리지 않으려고 모습을 달리하는 것.
- 不仁之召(불인지소) : 어질지 못함이 불러들이는 것.

【對譯】

　진종황제 어제에 말하기를,

　"위태로움을 알고 험한 것을 알면 마침내 그물을 벌여 놓은 문과 같은 법망에 걸리는 일이 없을 것이요, 착한 사람을 받들고 어진 사람을 추천하면 스스로 몸이 편안할 것이다.

인(仁)을 베풀고 덕을 베풂은 곧 대대로 번영을 가져올 것이며, 시기하는 마음을 품고 원한을 보복함은 자손에게 근심을 끼칠 것이며, 다른 사람을 해쳐서 자신을 이롭게 한다면 끝내 현명한 자손이 없을 것이다.

모든 백성을 해롭게 하여 가문을 이룬다면 어찌 오래오래 부귀를 누릴 수가 있겠는가. 이름을 바꾸고 몸을 달리함은 보다 교묘한 말 때문에 생기고, 재앙으로써 몸이 상하게 됨은 그 모두가 다 어질지 못함이 불러들이는 것이로다.”
라고 하였다.

즉, 남을 고통 속에 몰아넣고 얻은 불의한 부가 어떻게 오래 가길 바라겠는가. 그것은 하늘의 뜻이 아니라는 것을 강조한 글이다.

2.

^{신 종 황 제 어 제} ^왈 ^{원 비 도 지 재}
神宗皇帝御製에 曰, 遠非道之財하고

^{계 과 도 지 주} ^{거 필 택 린}
戒過度之酒하며 居必擇隣하고

^{교 필 택 우} ^{질 투} ^{물 기 어 심} ^{참 언}
交必擇友하며 嫉妬를 勿起於心하고 讒言을

^{물 선 어 구} ^{골 육 빈 자} ^{막 소}
勿宣於口하며 骨肉貧者를 莫疎하고

^{타 인 부 자} ^{막 후} ^{극 기}
他人富者를 莫厚하며 克己는

^{이 근 검 위 선} ^{애 중} ^{이 겸 화 위 수}
以勤儉爲先하고 愛衆은 以謙和爲首하며

^{상 사 기 왕 지 비} ^{매 념 미 래 지 구}
常思旣往之非하고 每念未來之咎하라

^{약 의 짐 지 사 언} ^{치 국 가 이 가 구}
若依朕之斯言이면 治國家而可久니라.

【註釋】

御 모실 어

擇 가릴 택

嫉 미워할 질

朕 조짐 짐

• **讒言**(참언) : 비방하고 중상하는 말.
• **勿宣於口**(물선어구) : 입 밖에 내지 말라.
• **咎**(구) : 허물, 잘못.
• **依**(의) : 따른다.
• **斯言**(사언) : 이 말의 뜻.

【對譯】

신종황제 어제에 말하기를,

"사람으로서 마땅히 지켜야 할 도리가 아닌 재물이라면 이를 멀리하고, 술을 지나치게 마시는 것을 경계하며, 반드시 이웃을 가려서 살고, 반드시 친구를 가려서 사귀며, 다른 사람을 시기하는 마음을 갖지 말고, 다른 사람을 헐뜯는 말을 하지 말라.

집이 가난한 친척을 소홀히 하지 말고, 다른 사람의 부유함에 아첨하지 말며, 사사로운 욕심을 이기는 데는 부지런하며 아껴 쓰는 것이 첫째이다.

사람을 사랑하되 겸손하고 화목한 것을 첫째로 삼고, 언제나 지난날의 잘못을 생각하며, 또 언제나 미래의 허물을 염두에 두어라. 만약 나의 이 말을 따른다면 나라와 집안을 오래오래 다스릴 수 있을 것이다."
라고 하였다.

즉, 이 글은 군자로서 반드시 지켜야 할 처세훈을 강조한 글이다. 사사로운 욕망을 버리고 사랑과 겸손으로 화목하게 지낼 것을 당부한 것이다.

3.

高宗皇帝御製에 曰, 一星之火도
能燒萬頃之薪하고 半句非言도
誤損平生之德이라 身被一縷나
常思織女之勞하고 日食三飧이나
每念農夫之苦하라 苟貪妬損은
終無十載安康하고 積善存仁이면
必有榮華後裔니라 福緣善慶은
多因積行而生이요 入聖超凡은
盡是眞實而得이니라.

【註釋】

燒 불사를   소
薪 나무할   신

誤 잘못할　　　오
損 덜　　　　　손
裔 후예　　　　예

- 一星(일성) : 한 점.
- 一縷(일루) : 한 실오라기.
- 三飱(삼손) : 세 끼 밥.
- 苟貪妬損(구탐투손) : 구차스럽게 욕심을 내고 시기해서 남에게 손해를 끼치다.
- 十載(십재) : 십 년 동안.
- 超凡(초범) : 범용(凡庸)을 초월하다.

【對譯】

　고종황제 어제에 말하기를,

　"한 점의 불티가 넓고 넓은 숲을 불사르고, 반 마디의 그릇된 말이 평생의 덕을 손상시키느니라.

　몸에 한 올의 실을 감았어도 항상 베 짜는 여인의 수고로움을 생각하고, 하루 세 끼 밥을 먹되 항상 농부의 수고로움을 생각하라.

　구차하게 탐내고 시기하여 다른 사람에게 손해를 끼치면 마침내 십 년 동안의 편안함도 없을 것이며, 착함을 쌓고 어짊을 보존한다면 반드시 후에 자손에게 영광이 있을 것이니라.

　복이라는 것은 착함 때문에 오는 것이니 착한 일을 많이 함으로써 생기는 것이며, 평범함을 넘어 성인(聖人)의 경지에 들어가는 것은 모두가 다 진실함으로써 얻어지는 것이니라."
라고 하였다.

　즉, 평생 선을 행해도 한 마디 말로 이를 깨뜨린다는 경계의
말이다.

4.

王良이 曰, 欲知其君이면 先視其臣하고
欲識其人이면 先視其友하고 欲知其父면
先視其子하라 君聖臣忠하고 父慈子孝이니라.

【註釋】

視　볼　　　시
識　알　　　식
慈　사랑　　자

・王良(왕량) : 중국 춘추시대 진(晋)나라 사람.
・君聖臣忠(군성신충) : 임금이 거룩하면 신하가 충성스럽다.

【對譯】

　왕량이 말하기를,

"그 임금을 알려면 먼저 그 신하를 보고, 그 사람을 알려면
먼저 그 친구를 보고, 그 아버지를 알려면 먼저 그 자식을 보
라. 임금이 거룩하면 그 신하가 충성스럽고, 아버지가 인자하면
그 자식이 효성스러우니라."
라고 하였다.

즉, 임금이 임금답고 아비가 아비답다면 그 신하나 자식도
자연 그 도를 따른다는 것을 말한다.

5.
家語에 云, 水至淸則無魚하고
人至察則無徒니라.

【註釋】

云 이를   운

淸 맑을   청

察 살필   찰

• 家語(가어) : 공자가어(孔子家語)를 말함. 공자의 말과 행동 및
  그 제자와의 문답을 적은 책.

• 徒(도) : 무리. 곧 친구를 말함.

【對譯】

가어에 이르기를,

'물이 지극히 맑으면 고기가 없고, 사람이 지극히 살피면 친구가 없느니라.'

라고 하였다.

즉, 지나치게 선을 긋고 시비를 가리려고 하면 참다운 벗을 사귈 수 없다는 것이다.

6.

許敬宗이 曰, 春雨如膏나 行人은 惡其泥濘하고 秋月이 揚輝나 盜者는 憎其照鑑이니라.

【註釋】

膏 기름질 고

盜 도둑 도

憎 미워할 증

• 許敬宗(허경종) : 중국 당(唐)나라 때의 정치가.

- **泥濘**(이녕) : 진창.
- **揚輝**(양휘) : 아주 밝게 빛나는 것.
- **照鑑**(조감) : 환하게 비치다.

【對譯】

　허경종이 말하기를,

　"봄비는 땅을 기름지게 하지만 길 가는 사람은 그 진창을 미워하고, 가을 달은 높게 떠올라 더없이 밝지만 도둑놈은 그 밝게 비치는 것을 미워하느니라."
라고 하였다.

　즉, 자신의 속셈만을 따지는 인간의 이기심은 인간이 지닌 또 하나의 어쩔 수 없는 일이라는 뜻이다.

7.

景行錄에 云, 大丈夫는 見善明故로
重名節於泰山하고 用心精故로
輕死生於鴻毛니라.

【註釋】

泰 클　　　　　태
精 밝을　　　　정
輕 가벼울　　　경

· 見善明(견선명) : 착함을 보는 데 밝다.
· 名節(명절) : 명분과 절의.
· 鴻毛(홍모) : 기러기의 털. 극히 가벼운 것을 표현할 때 자주
　쓰이는 비유.

【對譯】

　경행록에 이르기를,
　'대장부는 착함을 보는 데 밝으므로 명분과 절의를 태산보다
중하게 여기고, 마음씀이 깨끗하므로 삶과 죽음을 홍모(鴻毛)보
다 가볍게 여기느니라.'
라고 하였다.

즉, 마음씀이 불의를 미워하므로 생사를 기러기의 깃털보다
도 가벼이 여길 수 있다는 말이다.

8.

민인지흉　　낙인지선　　제인지급
悶人之凶하고 樂人之善하며 濟人之急하고

구인지위
救人之危니라.

【註釋】

救　구할　　　　구
危　위험　　　　위

• 悶(민) : 괴롭게 여기다.
• 濟(제) : 건져 주다.

【對譯】

남의 흉한 일은 민망히 여기고, 남의 좋은 일은 기뻐하라. 남
이 매우 위급할 때는 건져 주고, 남이 위험할 때는 구해 주도
록 하라.

즉, 남의 위급함을 도울 줄 알아야 참된 인간임을 역설한 것
이다.

9.

經目之事_{경목지사}도 恐未皆眞_{공미개진}이어늘 背後之言_{배후지언}을
豈足深信_{기족심신}이리요.

【註釋】

皆 모두 개

豈 어찌 기

- 經目(경목) : 눈을 거쳐간 것. 즉, 눈으로 보는 것.
- 恐未(공미) : 그것이 아닐까 두렵다.
- 背後之言(배후지언) : 등 뒤에서 하는 말.

【對譯】

　눈으로 직접 본 일도 다 참되지 않을까 두려운데, 등 뒤에서 하는 말을 어찌 족히 깊이 믿으랴.

10.

不恨自家汲繩短_{불한자가급승단}하고
只恨他家苦井深_{지한타가고정심}이로다.

【註釋】

恨 뉘우칠 　　한

短 짧을 　　단

· 汲繩(급승) : 두레박 줄.
· 苦井深(고정심) : 우물 깊은 것을 고통으로 여기다.

【對譯】

자기 집의 두레박 줄이 짧은 것은 탓하지 않고, 다만 남의 집 우물이 깊은 것만 탓한다.

즉, 자기의 허물이나 실수를 반성하기보다 먼저 다른 사람을 탓하고 원망하는 어리석은 태도를 경계한 말이다.

11. 贓濫이 滿天下하되 罪拘薄福人이니라.

【註釋】

薄 엷을 　　박

· 贓濫(장람) : 뇌물을 받고 부정을 저지르다.
· 拘(구) : 구속하다.

【對譯】

　뇌물을 받고 부정을 저지르는 사람이 세상에 가득하건만 박복한 사람만이 죄로 걸려드는구나.

　즉, 큰 부정을 저지른 사람은 오히려 빠지고, 어쩌다 작은 부정을 범한 사람만이 법망에 걸려든다는 말이다.

12.

天若改常이면 不風卽雨요 人若改常이면
不病卽死니라.

【註釋】

若　만약　　약

・改常(개상) : 상도를 여기다.

【對譯】

　하늘이 만약 상도(常道)를 벗어난다면 바람이 아니면 비가 오고, 사람이 만약 상도를 벗어나면 병들지 않으면 죽음이 오리라.

　즉, 정도를 벗어나면 반드시 허물이 돌아옴을 경계한 것이다.

13.

壯元詩에 云, 國正天心順이요

官淸民自安이라 妻賢夫禍少요

子孝父心寬이니라.

【註釋】

妻 아내　　　처

寬 너그러울　　　관

- 國正(국정) : 나라가 마르다.
- 天心順(천심순) : 하늘의 뜻이 순하다.

【對譯】

　장원시에 이르기를,

　'나라가 바르면 하늘의 뜻도 순하고, 벼슬아치가 깨끗하면 백성이 저절로 편안해지느니라. 아내가 현명하면 그 남편에게는 화가 적고, 자식이 효성스러우면 그 아버지의 마음은 너그러워지느니라.'

라고 하였다.

　즉, 자식이 부모에게 효도하면 그 부모의 마음은 너그럽고 온후하게 된다는 것이다.

14.

자왈　목종승즉직　　　인수간즉성
子曰, 木從繩則直하고 人受諫則聖이니라.

【註釋】

• 繩(승) : 먹줄.
• 受諫(수간) : 남의 간함을 받아들이다.

【對譯】

공자가 말씀하시기를,
"나무는 먹줄을 좇으면 곧아지고, 사람은 다른 사람의 간하
는 말을 받아들이면 거룩해지느니라."
라고 하였다.

즉, 남의 충고를 제대로 받아들이기 어려움을 강조한 글이다.

15.

일파청산경색유　　　전인전토후인수
一派青山景色幽러니 前人田土後人收라

후인수득막환희　　　갱유수인재후두
後人收得莫歡喜하라 更有收人在後頭니라.

【註釋】

• 幽(유) : 그윽함.

・**前人**(전인) : 옛 사람.

・**收**(수) : 거두어들이다.

・**後頭**(후두) : 바로 뒤.

【對譯】

한 줄기 푸른 산은 경치가 그윽한데, 그 땅은 옛 사람이 가꾸던 밭을 후세 사람이 차지했구나. 후인들이여, 그 땅을 차지했다고 기뻐하지 말라. 그 땅을 다시 차지할 사람이 바로 뒤에 또 있느니라.

즉, 우리 모두 쓸데없는 탐욕을 버리고 정직하게 살아야 한다는 것이다.

16.

소동파왈　무고이득천금
蘇東坡曰, 無故而得千金이면

불유대복　　필유대화
不有大福이라 **必有大禍**이니라.

【註釋】

故 연고　　　　　고

・**蘇東坡**(소동파) : 중국 북송(北宋) 때의 문인으로, 그의 유명한 적벽부(赤壁賦)는 오늘까지도 널리 회자되고 있다.

• 無故(무고) : 아무런 연고 없이.

【對譯】

소동파가 말하기를,

"아무 까닭 없이 천금을 얻는 것은 무슨 큰 복이 있어서가
아니니 반드시 큰 재앙이 있으리라."
라고 하였다.

즉, 크나큰 횡재로 많은 재물이 생기는 것은 오히려 화가 될
수 있다는 것이다.

17.

강절소선생 왈 유인 내문복

康節邵先生이 曰, 有人이 來問卜하되

여하시화복 아휴인시화

如何是禍福고 我虧人是禍이요

인휴아시복

人虧我是福이니라.

【註釋】

康 편안할　　　　강

邵 고을 이름　　　소

• 問卜(문복) : 점을 묻다.

•虧(휴) : 이지러지다. 해롭게 하다.

【對譯】

　강절소 선생이 말씀하시기를,

　"어떤 사람이 찾아와서 점을 묻되, 어떤 것이 화가 되며 복
이 되느냐고 했다. 내가 다른 사람을 해롭게 하면 이것이 화요,
다른 사람이 나를 해롭게 하면 이것이 복이니라."
라고 하였다.

　즉, 복이든 화든 다 나에게서 비롯된다는 교훈인 것이다.

18.

대하천간   야 와 팔 척
大廈千間이라도 **夜臥八尺**이요

양 전 만 경   일 식 이 승
良田萬頃이라도 **日食二升**이니라.

【註釋】

- **大廈**(대하) : 큰 집.
- **臥**(와) : 눕다.
- **頃**(경) : 이랑.
- **升**(승) : 1되.

【對譯】

천 간이나 되는 큰 집일지라도 밤에 잘 때는 여덟 자면 족하
고, 좋은 밭이 만 이랑이라도 하루에 먹는 것은 두 되면 족하
리라.

즉, 물 마시며 팔베개를 베고 살아도 즐거움이 또한 그 가운
데 있게 될 것이라고 말한 것이다.

19.

구 주 영 인 천   빈 래 친 야 소
久住令人賤이요 **頻來親也疎**라

단 간 삼 오 일   상 견 불 여 초
但看三五日에 **相見不如初**라.

【註釋】

久	오랠	구
疎	드물	소
但	다만	단
看	볼	간

• **頻來**(빈래) : 자주 오다.

• **不如初**(불여초) : 처음과 같지 않다.

【對譯】

남의 집에 오래 머물면 남이 천하게 여기고, 자주 오면 친하던 사이도 멀어진다. 오직 사흘이나 닷새 사이인데도 서로 보는 눈이 처음과 같지 않음을 알겠더라.

20.

갈 시 일 적　여 감 로　취 후 첨 배

渴時一滴은 如甘露요 醉後添盃는

불 여 무

不如無니라.

【註釋】

| 渴 | 목마를 | 갈 |

<table>
<tr><td>時</td><td>때</td><td>시</td></tr>
<tr><td>滴</td><td>물방울</td><td>적</td></tr>
</table>

• 甘露(감로) : 이슬이 달다.
• 添盃(첨배) : 잔을 더하는 것.
• 不如無(불여무) : 없는 것보다 못하다.

【對譯】

목마를 때 한 방울의 물은 단 이슬과 같되, 술 취한 후에 잔을 더함은 없는 것보다 못하니라.

즉, 한계를 넘어선 어리석은 행위는 하지 말라는 훈계의 말이다.

21. 酒不醉人人自醉요 色不迷人人自迷니라.

주 불 취 인 인 자 취　　색 불 미 인 인 자 미

【註釋】

<table>
<tr><td>酒</td><td>술</td><td>주</td></tr>
<tr><td>色</td><td>빛</td><td>색</td></tr>
</table>

• 自醉(자취) : 스스로 취하다.

• 迷人(미인) : 사람을 미혹시키다.

【對譯】

　술이 사람을 취하게 하는 것이 아니라 사람이 스스로 취하는 것이요, 색(色)이 사람을 미혹시키는 것이 아니라 사람이 스스로 미혹되는 것이다.

　즉, 모든 것이 다 마음먹기에 달린 것이라는 말이다.

22.

公心을 若比私心이면 何事不辨이며

道念을 若同情念이면 成佛多時니라.

【註釋】

比 비교할 　　비

• 公心(공심) : 공을 위하는 마음.
• 辨(변) : 옳고 그름을 판단하는 것.

【對譯】

　공(公)을 위하는 마음이 사(私)를 위하는 마음에 비할 수 있다면 무슨 일인들 옳고 그름을 가려내지 못하랴. 도를 지키려

는 마음이 만약 남녀의 정념과 같다면 성불(成佛)한 지도 이미
오래이리라.

즉, 범인들은 대개 공적인 일보다 사사로운 일에 집착하는
경향이 강하다는 것이다.

23.

> 염계선생왈 교자언 졸자묵
> **濂溪先生曰, 巧者言**하고 **拙者默**하며
>
> 교자노 졸자일 교자적
> **巧者勞**하고 **拙者逸**하며 **巧者賊**하고
>
> 졸자덕 교자흉 졸자길
> **拙者德**하며 **巧者凶**하고 **拙者吉**하나니
>
> 오호 천하졸 형정 철
> **嗚呼**라 **天下拙**이면 **刑政**이 **徹**하여
>
> 상안하순 풍청폐절
> **上安下順**하며 **風淸弊絶**이니라.

【註釋】

逸 편안할　　　　일

徹 통할　　　　　철

- **濂溪**(염계) : 성은 주(周), 이름은 돈이(敦頤). 유학자.
- **巧者**(교자) : 재주 있는 사람.

- **拙者**(졸자) : 재주 없는 어리석은 사람.
- **弊絶**(폐절) : 나쁜 폐습이 없어지는 것.

【對譯】

염계 선생이 말하기를,

"교묘한 사람은 말을 잘하고 서툰 사람은 말이 없다. 교묘한 사람은 수고롭고 서툰 사람은 한가하다. 교묘한 사람은 다른 사람에게 해를 끼치고 서툰 사람은 덕성스러우며, 교묘한 사람은 흉하고 서툰 사람은 길하다. 아, 세상이 겸손하면 정치가 철저히 다스려져서 윗사람은 평안하고 아랫사람은 뜻에 잘 따르며, 풍속은 맑아지고 나쁜 습관은 없어지느니라."

라고 하였다.

24.

易에 曰, 德微而位尊하고 智小而謀大면

無禍者鮮矣니라.

【註釋】

謀 꾀할 　　　모

禍 재앙 　　　화

- **微**(미) : 적다는 뜻.

• 位尊(위존) : 지위가 높은 것.
• 鮮(선) : 드물다.

【對譯】

　주역에 말하기를,
　'덕은 적은데도 지위가 높고, 지혜가 없으면서도 꾀하는 것이
크고서도 화가 없는 사람은 드무니라.'
라고 하였다.

25.
　　　설 원　　왈　 관 태 어 환 성
說苑에 曰, 官怠於宦成하고

　병 가 어 소 유　　　화 생 어 해 태
病加於小癒하여 禍生於懈怠하고

　효 쇠 어 처 자　　찰 차 사 자　　신 종 여 시
孝衰於妻子니 察此四者하여 愼終如始니라.

【註釋】

• 說苑(설원) : 한(漢)나라의 유향(劉向)이 지은 책.
• 宦成(환성) : 지위가 높아지는 것.
• 小癒(소유) : 조금 나아지다.

【對譯】

　설원에 말하기를,

‘관리는 벼슬이 높아짐에 따라 게을러지고, 질병은 조금씩 나아지는 데서 더해지며, 재앙은 게으른 데서 생기고, 효도는 처자를 갖는 데서 흐려진다. 그러므로 이 네 가지를 살펴 삼가기를 처음과 나중이 같게 할지니라.’
라고 하였다.

26.
기 만 즉 일　　　인 만 즉 상

器滿則溢하고 人滿則喪이니라.

【註釋】

• 溢(일) : 넘치다.
• 喪(상) : 상실.

【對譯】

그릇은 가득 차면 넘치고, 사람도 가득 차면 잃게 되느니라.

즉, 자만심이 가득 차게 되면 그것을 상실하게 되는 것 또한 자연스러운 이치임을 말한 것이다.

27.
척 벽 비 보　　촌 음 시 경

尺璧非寶요 寸陰是競이니라.

【註釋】

寶 보배　　　　　보

- **尺璧**(척벽) : 한 자나 되는 구슬.
- **寸陰**(촌음) : 극히 짧은 시간.
- **是競**(시경) : 오직 이(利)를 다투다.

【對譯】

한 자나 되는 구슬을 보배로 여기지 말고 한 치의 시간을 오직 다툴지니라.

즉, 시간만이 극히 귀중한 것임을 깨닫고 촌음(寸陰)을 다투어 배우고 일한 것을 강조한 글이다.

28. 羊羹이 雖美나 衆口를 難調니라.

【註釋】

雖 누구　　　　　수

- **羊羹**(양갱) : 양고기 국.
- **難調**(난조) : 고루 맞추기 어렵다.

【對譯】

양고기 국이 비록 맛이 좋다 해도 여러 사람의 입에 다 맞추기는 어려우니라.

즉, 모든 사람을 만족시키기란 불가능한 일이라는 것이다.

29.

益智書에 云, 白玉은 投於泥塗라도
不能汚穢其色이요 君子는 行於濁地라도
不能染亂其心하나니 故로
松柏可以耐雪霜이요 明智는
可以涉危難이니라.

【註釋】

穢	더러울	예
染	더러울	염
耐	견딜	내

· 泥塗(이도) : 진흙탕.
· 松柏(송백) : 소나무와 잣나무.
· 涉(섭) : 건너다.

【對譯】

익지서에 이르기를,

'흰 구슬은 진흙 속에 던져질지라도 그 빛을 더럽힐 수 없으며, 군자는 혼탁한 곳에 갈지라도 그 마음을 어지럽게 더럽힐 수 없다. 그러므로 송백(松柏)은 눈과 서리를 이겨내고, 밝은 지혜는 위급하고 곤란한 일을 헤쳐 나갈 수 있느니라.'
라고 하였다.

즉, 군자는 세상이 어지러워도 그 지조가 흔들려서는 안 된다는 것이다.

30.

^{입 산 금 호} ^이 ^{개 구 고 인} ^난
入山擒虎는 易어니와 開口告人은 難이니라.

【註釋】

| 開 | 열 | 개 |
| 難 | 어려울 | 난 |

· 擒虎(금호) : 호랑이를 사로잡는 것.
· 易(이) : 쉽다.

【對譯】

산에 들어가 호랑이를 잡기는 쉬워도 입을 열어 다른 사람에게 사실을 말하기는 어려우니라.

즉, 딱한 일을 남에게 알리기가 매우 어렵다는 것이다.

31.

^{원 수} ^{불 구 근 화} ^{원 친} ^{불 여 근 린}
遠水는 不救近火요 遠親은 不如近隣이니라.

【註釋】

· 遠親(원친) : 먼 곳의 친척.
· 近隣(근린) : 가까이 있는 이웃.

【對譯】

　멀리 있는 물은 가까운 곳의 불을 끄지 못하고, 먼 곳에 있는 친척은 가까운 이웃보다 못하느니라.

　즉, 이웃끼리 서로 힘을 합쳐 고난을 헤쳐 나간다면 먼 곳에 있는 친척보다 낫다는 것이다.

32.

太公이 曰, 日月이 雖明이나

不照覆盆之下하고 刀刃이 雖快나

不斬無之人하고 非災橫禍는

不入愼家之門이니라.

【註釋】

雖　누구　　　수

斬　벨　　　참

・覆盆(복분) : 엎어놓은 항아리.

・刀刃(도인) : 칼날.

· **橫禍**(횡화) : 뜻밖에 당하는 화.
· **愼家**(신가) : 조심하는 집.

【對譯】

태공이 말하기를,

"해와 달이 비록 밝지만 엎어놓은 항아리의 밑은 비추지 못하고, 칼날이 비록 잘 들어도 죄 없는 사람은 베지 못하며, 나쁜 재앙이나 뜻하지 않은 화도 조심하는 집 문에는 들어오지 못하느니라."

라고 하였다.

33.

太公이 日, 良田萬頃이

不如薄藝隨身이니라.

【註釋】

頃 백 이랑 경

藝 재주 예

· **薄藝**(박예) : 변변치 못한 재주.
· **隨身**(수신) : 몸에 지닌다는 뜻.

【對譯】

태공이 말하기를,

"좋은 밭 만 이랑도 아주 작은 재주 한 가지를 몸에 지닌 것만 못하니라."

라고 하였다.

즉, 재주란 한 번 몸에 지니게 되면 영원히 없어지지 않으며 생활을 영위할 도구가 된다는 것이다.

34.
^{성 리 서} ^운 ^{접 물 지 요} ^{기 소 불 욕}
性理書에 云, 接物之要는 己所不欲을
^{물 시 어 인} ^{행 유 부 득} ^{반 구 제 기}
勿施於人하고 行有不得이어든 反求諸己니라.

【註釋】

施 베풀   시

諸 여러   제

• 接物(접물) : 사물을 접촉하는 것.

• 己所不欲(기소불욕) : 자기가 하고자 하지 않는 것.

• 反求諸己(반구제기) : 돌이켜 자기에게서 그 원인을 구하는 것. 즉, 자기 반성.

【對譯】

성리서에 이르기를,

'사물을 접할 때 중요한 것은 자기가 하고 싶지 않은 것을 다른 사람에게 베풀지 말고, 행하여 얻지 못하는 것이 있거든 돌이켜 책임을 자기에게서 구하는 것이니라.'

라고 하였다.

35.
酒色財氣四堵墻에 多少賢愚在內廂이라
若有世人이 跳得出이면
便是神仙不死方이니라.

【註釋】

愚 어리석을　　　우

跳 뛸　　　　　　도

・四堵墻(사도장) : 네 가지(술・색・재물・기운)로 쌓은 담.
・內廂(내상) : 안 행랑.
・跳得出(도득출) : 뛰쳐나오다.
・不死方(불사방) : 죽지 않는 방법.

【對譯】

술과 여색과 재물과 기(氣), 이 네 가지로 쌓은 담 안에 수많은 어진 사람과 어리석은 사람이 안방과 행랑에 들어 있도다. 만약 세상 사람들이 이곳에서 뛰쳐나올 수만 있다면 그것이 바로 신선과 마찬가지로 죽지 않는 방법이니라.

즉, 삼가고 삼가야 할 행동을 강조한 것이다.

十三 立敎篇(입교편)

　이 편에는 세상을 살아가자면 반드시 지켜야 할 기본적인 윤리 도덕률이라 할 삼강오륜을 위시해, 정치·경제·사회의 각 방면에 대한 계획과 실천의 묘법들이 상세히 설파되어 있다.

1.

자 왈　입 신 유 의 이 효 위 본
子曰, 立身有義而孝爲本이요

상 사 유 례 이 애 위 본
喪祀有禮而哀爲本이요

전 진 유 열 이 용 위 본
戰陣有列而勇爲本이요

치 정 유 리 이 농 위 본
治政有理而農爲本이요

거 국 유 도 이 사 위 본
居國有道而嗣爲本이요

생 재 유 시 이 력 위 본
生財有時而力爲本이니라.

【註釋】

陣 진　　　　　진

勇 용감할　　　용

- 喪祀(상사) : 사람이 죽어서 초상 치르는 것과 제사 지내는 것.
- 居國(거국) : 나라를 보전하는 것.
- 嗣(사) : 자손이 있다.

【對譯】

공자가 말씀하시기를,

"입신함에는 의로움이 있으니 효도가 그 근본이 되고, 상사(喪祀)에는 예도가 있으니 슬퍼함이 그 근본이 되고, 싸움터에는 질서가 있으니 용맹이 그 근본이 되고, 나라를 다스리는 데는 방법이 있으니 농사가 그 근본이 되고, 나라를 보존하는 데는 도리가 있으니 대를 잇는 것이 그 근본이 되고, 재물을 만드는 데는 때가 있으니 노력이 그 근본이 되느니라."

라고 하였다.

2.

景行錄에 云, 爲政之要는 日公與淸이요
成家之道는 日儉與勤이니라.

【註釋】

錄	기록할	록
政	정사	정
要	중요할	요
公	벼슬	공
淸	맑을	청

• 儉與勤(검여근) : 검소함과 근면함.

【對譯】

경행록에 이르기를,
'정치를 하는 요체는 공정함과 깨끗함이며, 집을 이루는 도는 검소함과 부지런함이다.'
라고 하였다.

3.
讀書는 起家之本이요 循理는
保家之本이요 勤儉은 治家之本이요
和順은 齊家之本이니라.

【註釋】

讀 읽을　　　　　독

· 循理(순리) : 이치를 따르는 것.
· 齊家(제가) : 집을 제대로 다스리는 것.

【對譯】

　글을 읽는 것은 집을 일으키는 근본이며, 도리를 따르는 것은 집을 보존하는 근본이며, 부지런하고 검소한 것은 집을 다스리는 근본이며, 온화하고 유순한 것은 집을 정돈하여 가지런히 하는 근본이니라.

4.

공자삼계도　운　일생지계　　재어유
孔子三計圖에 云, 一生之計는 在於幼하고

일년지계　　재어춘　　일일지계
一年之計는 在於春하고 一日之計는

재어인　　유이불학　　노무소지
在於寅이니 幼而不學이면 老無所知요

춘약불경　　추무소망　　인약불기
春若不耕이면 秋無所望이요 寅若不起면

일무소판
日無所辦이니라.

【註釋】

幼 어릴　　유

耕 밭갈　　경

- 三計(삼계) : 하루의 계획, 일 년의 계획, 일생의 계획.
- 寅(인) : 인시(寅時). 새벽녘쯤.
- 辦(판) : 일을 처리하다.

【對譯】

　공자의 삼계도에 이르기를,

　'평생의 계획은 어릴 때에 있고, 일 년의 계획은 봄에 있으며, 하루의 계획은 새벽에 있나니, 어렸을 때 배우지 않으면 늙

어서 아는 바가 없고 봄에 밭을 갈지 않으면 가을에 바랄 것이
없으며 새벽에 일어나지 않으면 그 날은 할 일이 없느니라.'
라고 하였다.

즉, 부지런히 땅을 가는 것에 따라 인생의 운명이 결정된다
는 것이다.

5.

性理書에 云, 五教之目은 父子有親하며
君臣有義하며 夫婦有別하며 長幼有序하며
朋友有信이니라.

【註釋】

性 성　　　　성

序 차례　　　서

• 五教(오교) : 오륜(五倫)이라고도 하며, 다섯 가지 가르침을 뜻
　　한다.

【對譯】

성리서에 이르기를,

‘다섯 가지 가르침의 조목은 아버지와 자식 사이에는 친함
이 있어야 하며, 임금과 신하 사이에는 의리가 있어야 하며, 남
편과 아내 사이에는 분별이 있어야 하며, 어른과 어린이 사이
에는 차례가 있어야 하며, 친구 사이에는 믿음이 있어야 할지
니라.’
라고 하였다.

6.

三綱은 君爲臣綱이요 父爲子綱이요
夫爲婦綱이니라.

【註釋】

君 임금　　　　군

臣 신하　　　　신

婦 아내　　　　부

· 綱(강) : 모범이 되다.

【對譯】

삼강이란 임금은 신하의 본이 되는 것이고, 아버지는 자식의
본이 되는 것이고, 남편은 아내의 본이 되는 것이니라.

7.

王蠋이 曰, 忠臣은 不事二君이요
烈女는 不更二夫니라.

【註釋】

烈 벌일　　　　렬

• 王蠋(왕촉) : 중국 전국시대 때의 제(齊)나라 사람.
• 不事(불사) : 섬기지 않다.
• 不更(불경) : 바꾸지 않다. 섬기지 않다.

【對譯】

　왕촉이 말하기를,
　"충신은 두 임금을 섬기지 않고, 열녀는 두 지아비를 섬기지
않느니라."
라고 하였다.

8.

忠子曰, 治官엔 莫若平이요 臨財엔
莫若廉이니라.

【註釋】

莫　말　　　　　막

平　평평할　　　평

臨　임할　　　　림

• **忠子**(충자) : 누구인지 알려진 바가 없다.

• **治官**(치관) : 관직을 다스리다.

• **莫若**(막약) : 같지 못하다.

• **廉**(염) : 청렴함.

【對譯】

　충자가 말하기를,
　"관직을 다스림에는 공평함만한 것이 없고, 재물을 대할 때
는 청렴함만한 것이 없느니라."
라고 하였다.

9.

張思叔座右銘에 曰, 凡語를 必忠信하며

凡行을 必篤敬하며 飮食을 必愼節하며

字畵을 必楷正하며 容貌를 必端莊하며

衣冠을 必整肅하며 步履를 必安詳하며

居處를 必正靜하며 作事를 必謀始하며

出言을 必顧行하며 常德을 必固持하며

然諾을 必重應하며 見善如己出하며

見惡如己病하라 凡此十四者는

皆我未深省이라 書此當座右하여

朝夕視爲警하노라.

【註釋】

楷 해서　　　해

貌 모양　　　　모

顧 돌아올　　　고

- **張思叔**(장사숙) : 중국 북송(北宋) 때의 학자.
- **座右銘**(좌우명) : 자리 오른쪽에 써 놓고 아침저녁으로 보면서
  반성하는 자료로 삼는 격언.
- **篤敬**(독경) : 돈독하고 공경히 여기다.
- **安詳**(안상) : 침착하고 조용함.
- **朝夕視爲警**(조석시위경) : 아침저녁으로 보아서 경계로 삼다.

【對譯】

　장사숙 '좌우명'에 말하기를,

　"무릇 말을 할 때에는 반드시 정성스럽고 참되게 하며, 무릇 행실은 반드시 돈독하고 공경히 하며, 음식은 반드시 삼가고 알맞게 먹도록 하며, 글씨는 반드시 똑똑하고 바르게 쓰며, 몸가짐은 반드시 단정하고 엄숙히 하며, 옷 매무새는 반드시 단정히 하며, 걸음걸이는 반드시 점잖게 하라.

　사는 곳은 반드시 바르고 조용해야 하며, 일을 할 때에는 반드시 계획을 세워서 시작하며, 말을 할 때에는 반드시 그것을 실천할 수 있는지 없는지를 생각해서 하며, 보통 때에 반드시 덕을 굳게 가지며, 일을 허락할 때는 반드시 신중히 하며, 다른 사람의 착한 일을 보거든 내 일과 같이 생각하며, 악한 일을 보거든 자기 자신의 질병인 것같이 생각하라.

　무릇 이 열네 가지는 모두 아직도 내가 깊이 깨닫지 못한 것이다. 이것을 오른편에 써 붙이고 아침저녁으로 보고 경계할

것이니라."
라고 하였다.

10.

범익겸좌우명
范益謙座右銘에

왈 일불언조정이해변보차제
日, 一不言朝廷利害邊報差除요

이불언주현관원장단득실
二不言州縣官員長短得失이요

삼불언중인소작과악지사
三不言衆人所作過惡之事요

사불언사진관직추시부세
四不言仕進官職趨時附勢요

오불언재리다소염빈구부
五不言財利多少厭貧求富요

육불언음설희만평론여색
六不言淫媟戲慢評論女色이요

칠불언구멱인물간색주식
七不言求覓人物干索酒食이요

우인부서신 불가개탁침체
又人付書信을 不可開坼沈滯요

여인배좌 불가규인사서
與人拜坐에 不可窺人私書요

凡人人家^{범인인가}에 不可看人文字^{불가간인문자}요

凡借人物^{범차인물}에 不可損壞不還^{불가손괴불환}이요

凡喫飲食^{범끽음식}에 不可揀擇去取^{불가간택거취}요

與人同處^{여인동처}에 不可自擇便利^{불가자택편리}요 凡人富貴^{범인부귀}를

不可歎羨詆毀^{불가탄선저훼}니 凡此數事^{범차수사}에 有犯之者^{유범지자}면

足以見用心之不正^{족이견용심지부정}이라 於正心修身^{어정심수신}에

大有所害^{대유소해}라 因書以自警^{인서이자경}하노라.

【註釋】

邊 변방　　변

職 벼슬　　직

厭 싫어할　　염

坼 터질　　탁

• 媟(설) : 거만하다.
• 覓(멱) : 찾다.

- 坼(탁) : 터지다.
- 窺(규) : 엿보다.
- 羨(선) : 부럽다.
- 詆(저) : 꾸짖다.

【對譯】

　범익겸 좌우명에 말하기를,

　'첫째, 조정에서의 이해와 변방으로부터의 보고와 관직의 임명에 관하여 말하지 말라. 둘째, 주(州)와 현(縣)의 관원의 옳고 그름과 얻고 잃음에 관하여 말하지 말라. 셋째, 여러 사람이 저지른 악한 일을 말하지 말라. 넷째, 벼슬하게 된 내막과 기회를 좇아 세도에 아부하는 일에 관하여 말하지 말라. 다섯째, 재물과 이익의 많고 적음이나 가난을 싫어하고 부를 바라는 일을 말하지 말라. 여섯째, 음탕하고 난잡한 짓거리나 여색에 관한 생각을 말하지 말라. 일곱째, 다른 사람의 물건을 탐내거나 술과 음식을 뒤져 찾지 말라.

　남이 전해 달라는 편지를 뜯어 보거나 지체해서는 안 되며, 남과 함께 있으면서 남의 개인적인 글을 엿보아서는 안 되며, 다른 집에 갔을 때 남의 글을 보지 말라. 다른 사람의 물건을 빌렸을 때에는 이것을 손상하거나 돌려주지 않아서는 안 되며, 무릇 음식을 먹되 가려 먹지 말라. 다른 사람과 함께 있으면서 자신의 편리함만을 취하지 말며, 무릇 다른 사람의 재물 많고 귀한 것을 가히 부러워하거나 헐뜯지 말라.

　무릇 이 몇 가지 일을 지키지 못하는 사람이 있다면 능히 그 마음씀이 바르지 못함을 알 수 있으며, 마음을 바르게 하고 몸

을 닦는 데 크게 해로울 것이다. 그러므로 이 글을 써서 스스
로 경계하노라.'
라고 하였다.

11.

武王이 問太公曰, 人居世上에

何得貴賤貧富不等고 願聞說之하여

欲知是矣이로다 太公이 曰, 富貴는

如聖人之德하여 皆由天命이어니와 富者는

用之有節하고 不富者는 家有十盜니라.

【註釋】

等 무리 　　　 등

願 원할 　　　 원

說 말씀 　　　 설

· 武王(무왕) : 중국 주(周)나라 문왕(文王)의 아들로 주왕(紂王)을
　　토벌함.

• 有節(유절) : 절도가 있는 것.
• 十盜(십도) : 열 가지 도둑.

【對譯】

무왕이 태공에게 물었다.

"사람이 세상을 살아감에 있어 어찌하여 귀하고 천한 것과 재물이 많고 적은 것이 고르지 않습니까? 원컨대 이를 설명하여 주십시오. 알고자 합니다."

태공이 아뢰었다.

"부귀라는 것은 성인(聖人)의 덕과 같아서 모두가 천명(天命)에 말미암거니와 부자는 그 씀씀이가 절도 있고, 가난한 자는 그 집에 열 가지 도둑이 있기 때문입니다."

즉, 가난한 자는 집에 열 명의 도둑이 든 것만큼이나 매사에 게으르고 씀씀이가 헤프다는 것이다.

12.

무왕   왈 하위십도   태공
武王이 曰, 何謂十盜닛고 太公이

왈 시숙불수   위일도
曰, 時熟不收이 爲一盜요

수적불료위이도   무사연등침수
收積不了爲二盜요 無事燃燈寢睡이

위삼도   용라불경   위사도
爲三盜요 慵懶不耕이 爲四盜요

불시공력   위오도   전행교해
不施功力이 爲五盜요 專行巧害이

위육도   양녀태다   위칠도
爲六盜요 養女太多이 爲七盜요

주면라기   위팔도   탐주기욕
晝眠懶起이 爲八盜요 貪酒嗜慾이

위구도   강행질투   위십도
爲九盜요 强行嫉妬이 爲十盜니다.

【註釋】

謂 위할   위

- **慵懶**(용라) : 게으르고 나태함.
- **懶起**(나기) : 일어나기를 게을리하다.
- **嗜慾**(기욕) : 욕심을 즐기다.
- **强行嫉妬**(강행질투) : 질투와 시기가 매우 심하다.

【對譯】

무왕이 말하였다.

"무엇이 열 가지 도둑이오?"

태공이 대답하였다.

"곡식이 익은 것을 제때에 거둬들이지 않는 것이 첫째 도둑이요, 거두어 쌓는 것을 마치지 않는 것이 둘째 도둑이요, 일 없이 등불을 켜놓고 자는 것이 셋째 도둑이요, 게을러서 밭갈이를 하지 않는 것이 넷째 도둑이요, 공력을 베풀지 않는 것이 다섯째 도둑이요, 오로지 교활하고 해로운 일만 행하는 것이 여섯째 도둑이요, 딸이 너무 많은 것이 일곱째 도둑이요, 낮잠이나 자고 아침에 늦게 일어나는 것이 여덟째 도둑이요, 술을 탐내고 욕망을 즐기는 것이 아홉째 도둑이요, 다른 사람을 매우 시기하는 것이 열째 도둑입니다."

13. 武王이 曰, 家無十盜而不富者는 何如닛고
太公이 曰, 人家에 必有三耗니다 武王이 曰,
何名三耗닛고 太公이 曰, 倉庫漏濫不蓋하여
鼠雀亂食이 爲一耗요 收種失時이
爲二耗요 抛撒米穀穢賤이 爲三耗니다.

【註釋】

耗 어지러울　　모

抛 던질　　포

撒 뿌릴　　살

- **漏濫**(누람) : 물이 새어나와 넘치다.
- **不蓋**(불개) : 덮지 않다.
- **鼠雀**(서작) : 쥐와 참새.
- **穢賤**(예천) : 더럽고 천하게 다루다.

【對譯】

무왕이 말하였다.

"집에 열 가지 도둑이 없는데도 부유하지 못한 것은 어찌하여 그렇습니까?"

태공이 아뢰었다.

"그런 사람의 집에는 반드시 삼모(三耗)가 있을 것입니다."

무왕이 다시 말하였다.

"삼모란 무엇을 말합니까?"

태공이 아뢰었다.

"창고가 새는데도 막지 않아서 쥐와 새들이 어지럽게 먹어대는 것이 첫째 소모요, 거두고 씨 뿌리는 때를 놓치는 것이 둘째 소모요, 곡식을 땅에 흘려 더럽히고 천하게 다루는 것이 셋째 소모입니다."

14.

武王^이 曰, 家無三耗而不富者^는 何如^{닛고}

太公^이 曰, 人家^에 必有一錯二誤三痴四

失五逆六不祥七奴八賤九愚十强^{하여}

自招其禍^요 非天降殃^{이니다.}

【註釋】

誤 그르칠　　　오

痴 어리석을　　　치

- **自招**(자초) : 스스로 초래하다.
- **降殃**(강앙) : 재앙을 내리다.

【對譯】

무왕이 말하였다.

"집에 삼모가 없는데 부유하지 못한 것은 어찌하여 그렇습니까?"

태공이 아뢰었다.

"그런 사람의 집에는 반드시 첫째는 일을 그르치는 것, 둘째는 일을 잘못하는 것, 셋째는 어리석은 것, 넷째는 실수하는

것, 다섯째는 인륜을 거역하는 것, 여섯째는 상서롭지 못한 것,
일곱째는 노예 행세하는 것, 여덟째는 천한 것, 아홉째는 우둔
한 것, 열째는 뻔뻔스러운 것이 있어서 스스로 그 화를 부르는
것이지 하늘이 재앙을 내리는 것은 아닙니다.”

15.

武王이 曰, 願悉聞之하나이다 太公이

曰, 養男不敎訓이 爲一錯이요 嬰孩不訓이

爲二誤요 初迎新婦不行嚴訓이 爲三痴요

未語先笑爲四失이요 不養父母이

爲五逆이요 夜起赤身이 爲六不祥이요

好挽他弓이 爲七奴요 愛騎他馬이

爲八賤이요 喫他酒勸他人이 爲九愚요

喫他飯命朋友이 爲十强이니다 武王이

曰, 甚美誠哉라 是言也이여.

【註釋】

錯 　그릇할　　　착

喫 　먹을　　　　끽

飯 　밥　　　　　반

誡 　정성　　　　성

- **願悉聞之**(원실문지) : 다 듣기를 원하다.
- **未語先笑**(미어선소) : 말도 하기 전에 먼저 웃는 것.
- **好挽**(호만) : 당기기를 좋아하다.
- **喫他酒**(끽타주) : 남의 술을 마시는 것.

【對譯】

무왕이 말하였다.

"원컨대 그것을 자세히 듣고자 합니다."

태공이 아뢰었다.

"아들을 기르되 가르치지 않는 것이 첫번째 그르침이요, 어린이를 타이르지 않는 것이 두 번째의 잘못이며, 처음 아내를 맞아들이되 엄히 가르치지 않는 것이 세 번째의 어리석음이며, 말하기 전에 먼저 웃기부터 하는 것이 네 번째의 실수이며, 부모를 봉양하지 않는 것이 다섯 번째의 인륜을 거역하는 것이며, 밤에 알몸으로 일어나는 것이 여섯 번째의 상서롭지 못함이며, 다른 사람의 활을 빌려 당기기를 좋아하는 것이 일곱 번째의 노예처럼 구는 것이며, 다른 사람의 말을 타기를 좋아하

는 것이 여덟 번째의 천함이며, 다른 사람의 술을 얻어 마시면
서 다른 사람에게 술을 권하는 것이 아홉 번째의 어리석음이
며, 다른 사람의 밥을 빌어먹으면서 친구에게 주는 것이 열 번
째의 뻔뻔스러움입니다."

이를 듣고 무왕이 말하였다.

"참으로 훌륭하고 정성스럽도다, 그 말씀이여!"

十四 | 治定篇(치정편)

이 편은 관리들이 어떤 자세를 가져야 나라의 공복으로서 그 임무를 충실히 수행할 수 있는지에 관한 가르침으로 구성되어 있다.

1. 明道先生이 曰, 一命之士苟有存心於 愛物이면 於人에 必有所濟니라.

【註釋】

命 목숨 명

存 있을 존

愛 사랑 애

濟 이룰 제

- **明道先生**(명도선생) : 중국 북송(北宋) 때의 대유학자.
- **一命之士**(일명지사) : 처음으로 관직에 오른 사람.
- **苟**(구) : 진실로.
- **所濟**(소제) : 도움이 되는 바.

【對譯】

　명도 선생이 말하기를,

　"처음으로 벼슬자리에 오른 선비라도 진실로 물건을 사랑하는 마음이 있다면 다른 사람에게 반드시 도움되는 바가 있을지니라."

라고 하였다.

　즉, 물건을 아끼고 사랑함에 마음을 쓰기만 한다면 반드시 백성에게 도움을 줄 수 있으리라 말한 것이다.

2.

당태종어제　운　상유휘지
唐太宗御製에 云, 上有麾之하고

중유승지　　　하유부지　　　폐백의지
中有乘之하고 下有附之하여 幣帛衣之요

창늠식지　　　이봉이록　　　민고민지
倉廩食之하니 爾俸爾祿이 民膏民脂니라

하민　　이학　　　상창　　난기
下民은 易虐이어니와 上蒼은 難欺니라.

【註釋】

- 唐太宗(당태종) : 당(唐)나라 제2대 임금.
- 幣帛(폐백) : 예물로 받은 비단.
- 爾(이) : 너, 그대.
- 上蒼(상창) : 위에 있는 푸른 하늘.

【對譯】

　당나라 태종이 어제에 이르기를,
　'위에는 지시하는 사람이 있고, 중간에는 이에 의하여 다스리는 사람이 있고, 그 아래에는 이에 따르는 사람이 있다. 예물로 받은 비단으로 옷을 만들어 입고, 곳간에 거두어 둔 곡식으로 밥을 지어 먹으니, 너희의 봉록은 모두가 다 백성들의 기름이다. 아래에 있는 백성을 학대하기는 쉽지만 위에 있는 푸른 하늘을 속이기는 어려우니라.'
라고 하였다.

3.
童蒙訓에 曰, 當官之法이 唯有三事하니
日淸日愼日勤이라 知此三者면
知所以持身矣니라.

【註釋】

• 童蒙訓(동몽훈) : 송(宋)나라 때 여본중(呂本中)이 아이들을 가
  르치기 위해 지은 책.
• 當官(당관) : 벼슬아치가 되는 것.

【對譯】

　동몽훈에 말하기를,
　'관직에 있는 자로서 마땅히 지켜야 할 법은 오직 세 가지가
있으니 청렴한 마음과 신중함과 부지런함이다. 이 세 가지를
알면 몸 가질 바를 알 것이니라.'
라고 하였다.

4.

當官者는 必以暴怒爲戒하여 事有不可어든
當詳處之면 必無不中이어니와 若先暴怒면
只能自害라 豈能害人이리요.

【註釋】

暴　드러날　　　폭

戒　경계　　　　계

• 詳處之(상처지) : 일을 자세하게 처리하는 것.
• 不中(부중) : 맞지 않는 것.

【對譯】

관직에 있는 자는 반드시 심하게 화내는 것을 경계하라. 일에 옳지 않음이 있거든 마땅히 상세하게 처리하면 반드시 맞지 않는 것이 없으리라. 만약 먼저 화부터 내면 오직 자신을 해롭게 할 뿐 어찌 남을 해롭게 할 수 있겠는가?

5.

事君如事親하며 事長官을 如事兄하며
與同僚를 如家人하며 待羣吏를 如奴僕하며
愛百姓을 如妻子하며 處官事를
如家事然後에 能盡吾之心이니
如有毫末不至면 皆吾心에 有所未盡也니라.

【註釋】

僚 동료   료

- **羣吏**(군리) : 여러 아전. 말단 관직.
- **毫末**(호말) : 털끝.
- **有所未盡**(유소미진) : 다하지 못한 바가 있다.

【對譯】

　임금 섬기기를 어버이 섬기듯이 하고, 윗사람 섬기기를 형 섬기듯이 하며, 친구 대하기를 자기 집 식구같이 하고, 아전 대접하기를 자기 집 노복과 같이 하고, 백성 사랑하기를 아내와 자식 사랑하듯 하고, 나라 일 처리하는 것을 집안 일 하는 것과 같이 한 후에야 능히 최선을 다했다고 할 수 있을 것이니라. 만약 털끝만큼이라도 다하지 못한 점이 있다면 모두가 내 마음에 다하지 못한 것이 있기 때문이니라.

6.

혹　　　문부　　좌령자야　　　　부욕소위
惑이 問簿는 佐令者也니 簿欲所爲를

영혹부종　　　　내하　　　이천선생
令惑不從이면 奈何닛고 伊川先生이

왈　당이성의동지　　　금령여부불화
曰, 當以誠意動之니라 今令與簿不和는

변시쟁사의　　영　　시읍지장
便是爭私意요 令은 是邑之長이니

약능이사부형지도　　사지
若能以事父兄之道로 事之하여

과즉귀기　　　선즉유공불귀어령
過則歸己하고 善則唯恐不歸於令하여

적차성의　　　기유부동득인
積此誠意면 豈有不動得人이리요.

【註釋】

薄　얇을　　박

歸　돌아올　귀

積　쌓을　　적

• 令(영) : 고을의 장관.

• 簿(부) : 관청의 장(長)을 보좌하는 직위.

• 奈何(내하) : 어떻게 하리오?

- **伊川先生**(이천선생) : 북송(北宋) 때의 학자.
- **唯恐不歸於令**(유공불귀어령) : 오직 영에게로 돌아가지 않을 것을 두려워하다.
- **得人**(득인) : 남에게 사랑을 받는 것.

【對譯】

어떤 사람이 물었다.

"부는 영을 보좌하는 사람입니다. 그런데 부가 하고자 하는 바를 영이 혹시 따르지 않는다면 어떻게 해야 합니까?"

이천 선생이 말씀하셨다.

"마땅히 성의로써 움직여야 한다. 지금 영이 부와 화목하지 않은 것은 곧 사사로운 생각으로 다투는 것이다. 영은 고을의 장관이니 만일 아버지와 형을 섬기는 도리로 섬겨서 잘못이 있다면 자기에게로 돌리고, 잘한 일이 있다면 영에게로 돌아가지 않을 것을 염려하여 성의를 쌓아 간다면 어찌 사람을 움직이지 못하겠는가?"

7.
劉安禮問臨民한대 明道先生이

曰, 使民으로 各得輸其情이니라

問御吏한대 曰, 正己以格物이니라.

【註釋】

•劉安禮(유안례) : 북송 때의 사람으로 자는 원소(元素).
•格物(격물) : 사물의 이치를 연구하는 것.

【對譯】

유안례가 백성을 대하는 도리를 묻자 명도 선생이 말씀하였다.
"백성으로 하여금 각각 그들의 뜻을 다 펴게 하여라."
아전을 거느리는 방법을 묻자 말씀하였다.
"자기 자신을 올바르게 함으로써 사물의 이치를 깨닫게 하라."

8.
포 박 자　왈　영 부 월 이 정 간
抱朴子에 曰, 迎斧鉞而正諫하며
거 정 확 이 진 언　　차 위 충 신 야
據鼎鑊而盡言이면 此謂忠臣也이니라.

【註釋】

迎　맞이할　　영
諫　간할　　간

•抱朴子(포박자) : 동진(東晋) 초기의 도가(道家). 성은 갈(葛), 이름은 홍(洪), 포박자는 호.

•**斧鉞**(부월) : 부와 월이 다같이 도끼를 뜻한다.

•**鼎鑊**(정확) : 가마솥.

•**盡言**(진언) : 임금에게 자신의 생각을 모두 이야기하다.

【對譯】

　포박자에 말하기를,

　"도끼에 맞는 한이 있더라도 바르게 간하고, 가마솥에 넣어서 죽이려 해도 옳은 말을 다하면 이를 충신이라 하느니라."
라고 하였다.

十五 治家篇(치가편)

　　행복한 가정은 인간에게 가장 복된 요소이다. 그 가정이 불행하면 한 개인의 불행은 말할 것도 없고 그런 개인들로 이루어진 사회조차 위태롭게 한다. 이 편을 탐독해서 가정의 참된 의미를 깨닫게 되기를 간절히 바란다.

1.

사 마 온 공　　왈　범 제 비 유 사 무 대 소

司馬溫公이 日, 凡諸卑幼事無大小요

무 득 전 행　　　필 자 품 어 가 장

毋得專行하고 必咨稟於家長이니라.

【註釋】

溫	따뜻할	온
諸	여러	제
專	전할	전

・卑幼(비유) : 손아랫사람.

- **毌得**(무득) : ~해서는 안 된다.
- **咨稟**(자품) : 윗사람에게 여쭈어 보다.

【對譯】

　사마온공이 말하기를,

　"모든 손아랫사람들은 일의 크고 작음을 가림 없이 제멋대로 행동하지 말고 반드시 집안 어른께 여쭈어 보고 해야 하느니라."

라고 하였다.

　즉, 집안의 어린 사람들이 어른을 무시하고 멋대로 행동하는 것을 경계하는 글이다.

2.

대객　　　부득불풍　　　　치가
待客에 **不得不豊**이요 **治家**에

부　득　불　검
不得不儉이니라.

【註釋】

儉 검소할　　　　검

- **待客**(대객) : 손님을 접대하다.
- **不得不**(부득불) : 아니할 수 없다.

【對譯】

손님 접대는 풍성히 아니할 수 없으며, 살림살이는 검소하게 아니할 수 없느니라.

즉, 손님에게는 풍성한 접대를 하고, 살림살이는 검소하게 해야 한다는 교훈이다.

3.

태공 왈 치인 외부 현녀 경부

太公이 曰, 痴人은 畏婦고 賢女는 敬夫니라.

【註釋】

· 痴人(치인) : 어리석은 사람.
· 畏婦(외부) : 아내를 두려워하다.

【對譯】

   태공이 말하기를,
   "어리석은 사람은 아내를 두려워하고, 어진 아내는 남편을
공경하느니라."
라고 하였다.

4.

범 사 노 복   선 념 기 한

凡使奴僕에 先念飢寒이니라.

【註釋】

· 先念(선념) : 먼저 생각하는 것.
· 飢寒(기한) : 배고프고 추운 것.

【對譯】

   무릇 하인을 부리는 데는 먼저 그들의 춥고 배고픔을 생각하라.

5. 子孝雙親樂이요 家和萬事成이니라.

자 효 쌍 친 락 　　가 화 만 사 성

【註釋】

- 雙親(쌍친) : 아버지와 어머니.
- 家和(가화) : 집안이 화목한 것.

【對譯】

　자식이 효도하면 어버이는 즐거우며, 집안이 화목하면 모든 일이 이루어지느니라.

6. 時時防火發하고 夜夜備賊來니라.

시 시 방 화 발 　　야 야 비 적 래

【註釋】

- 防火發(방화발) : 불이 나는 것을 예방하다.
- 備賊來(비적래) : 도둑이 드는 것을 방지하다.

【對譯】

　언제나 불이 나는 것을 예방하고, 밤마다 도둑이 드는 것을 방비하라.

7.

景行錄에 云, 觀朝夕之早晏하여
可以卜人家之興替니라.

【註釋】

觀 볼　　　관

- 早晏(조안) : 이르고 늦은 것.
- 卜(복) : 점치는 것.
- 興替(흥체) : 흥하고 망하는 것.

【對譯】

경행록에 이르기를,

'아침에 일찍 일어나고 저녁에 늦게 자는 것으로 보아 가히 그 집안의 흥하고 망함을 점칠 수 있느니라.'
라고 하였다.

8.

文仲子曰, 婚娶而論財는
夷虜之道也이니라.

【註釋】

· 文仲子(문중자) : 중국 수(隨)나라 때의 학자인 왕통(王通)을 가
  리킨다. 문중자란 그가 죽은 후에 제자들이 부른 시호.
· 婚娶(혼취) : 남녀의 결혼.
· 夷虜(이로) : 오랑캐.

【對譯】

문중자가 말하기를,
"시집가고 장가드는 일에 재물을 따지는 것은 오랑캐나 하는
짓이니라."
라고 하였다.

즉, 혼인하는 데 있어 재물을 논하는 것은 오랑캐나 하는 일
이라고 혹평한 글이다.

十六 | 安義篇(안의편)

이 편에는 유교의 정통적 개념에 의거한 부부·부자·형제·친척 사이의 윤리 도덕에 관한 글이다.

1.

顏氏家訓에 曰, 夫有人民而後에
有夫婦하고 有夫婦而後에 有父子하고
有父子而後에 有兄弟하니
一家之親은 此三者而已矣라
自玆以往으로 至于九族이
皆本於三親焉이라 故로 於人倫에
爲重也니 不可不篤이니라.

【註釋】

· **顔氏家訓**(안씨가훈) : 중국 북제(北齊) 나라의 안지추(顔之推)가
　　지은 두 권의 책.
· **自茲以往**(자자이왕) : 여기에서부터 비롯되다.
· **三親**(삼친) : 부부, 부자, 형제를 하나로 이르는 말.
· **不可不篤**(불가부독) : 돈독히 아니할 수 없다는 뜻.

【對譯】

　안씨 가훈에 이르기를,
　'대저 백성이 있은 후에야 부부가 있고, 부부가 있은 후에야
부자가 있으며, 부자가 있은 후에야 형제가 있는 법이니, 한 집
안의 친족은 이 셋뿐이다. 이에서부터 나아가 구족(九族)에 이
르기까지는 모두가 삼친(三親)에 근본을 두고 있으므로 이것을
인륜에 있어 가장 중요하게 여기고 가히 돈독히 아니하지 못하
리라.'
라고 하였다.

2.
莊子曰, 兄弟는 爲手足하고 夫婦는
爲衣服이니 衣服破時엔 更得新이어니와
手足斷處엔 難可續이니라.

【註釋】

破 깨뜨릴   파

· 更得新(경득신) : 새 것으로 갈아입다.
· 斷處(단처) : 끊어진 곳.

【對譯】

　장자가 말씀하시기를,
　"형제는 손발과 같고 부부는 옷과 같으니, 옷이 떨어졌을 때
는 새 것으로 갈아입을 수 있으나 손발이 잘린 곳은 잇기가 어
려우니라."
라고 하였다.

3.
소 동 파 운　　부 불 친 혜 빈 불 소
蘇東坡云, 富不親兮貧不疎는
차 시 인 간 대 장 부　　부 즉 진 혜 빈 즉 퇴
此是人間大丈夫요 富則進兮貧則退는
차 시 인 간 진 소 배
此是人間眞小輩니라.

【註釋】

蘇 차조기   소

坡 언덕　　　파

退 물러날　　　퇴

- **不踈**(불소) : 멀리하지 않다.
- **小輩**(소배) : 소인배, 졸장부.

【對譯】

　소동파가 말하기를,
　"부유하다고 친하지 않고 가난하다고 멀리하지 않아야 사람 가운데 대장부이며, 부유하다고 가깝게 지내고 가난하다고 멀리하는 것은 인간 중의 졸장부이니라."
라고 하였다.

十七　遵禮篇(준례편)

　이 편에는 우리가 일상생활에서 반드시 실천해야 할 기본적인 예의범절을 비롯해 궁극적인 인간의 도에 관한 여러 경구들이 포함되어 있다.

1.

子曰, 居家有禮故로 長幼辨하고
閨門有禮故로 三族和하고 朝廷有禮故로
官爵序하고 田獵有禮故로 戎事閑하고
軍旅有禮故로 武功成이니라.

【註釋】

辨　분별할　　　변
閑　한가할　　　한

- 閨門(규문) : 부녀자가 거처하는 안방.
- 三族(삼족) : 부부, 부자, 형제.
- 田獵(전렵) : 사냥하는 것.
- 戎事(융사) : 군사 일.
- 軍旅(군려) : 군대.

【對譯】

공자가 말씀하시기를,

"집안에 예의가 있음으로써 어른과 아이의 분별이 있고, 부녀자가 거처하는 방에 예의가 있음으로써 삼족(三族)이 화목하며, 조정에 예의가 있음으로써 벼슬에 차례가 있고, 사냥하는 데에도 예의가 있어야 군사 일이 숙달되며, 군대에도 예의가 있어야 무공이 이루어지느니라."

라고 하였다.

2.
자왈 군자유용이무례 위란
子曰, 君子有勇而無禮면 爲亂하고
소인 유용이무례 위도
小人이 有勇而無禮면 爲盜니라.

【註釋】

- 有勇(유용) : 용기가 있는 것.
- 爲亂(위란) : 난을 일으키다.

【對譯】

공자가 말씀하시기를,

"군자에게 용맹만 있고 예의가 없으면 세상을 어지럽게 하고, 소인에게 용맹만 있고 예의가 없으면 도둑이 될 것이니라."라고 하였다.

3.

증자왈 조정 막여작 향당
曾子曰, 朝廷엔 莫如爵이요 鄕黨엔

막여치 보세장민 막여덕
莫如齒요 輔世長民엔 莫如德이니라.

【註釋】

廷 조정　　　정

爵 벼슬　　　작

黨 무리　　　당

• 曾子(증자) : 중국 춘추시대 노(魯)나라의 사상가. 공자(孔子)의 제자.

• 齒(치) : 나이.

• 輔世(보세) : 세상을 돕는 것.

• 長民(장민) : 백성을 잘 살 수 있게 이끌어 나가는 것.

【對譯】

증자가 말씀하시기를,

"조정에서는 벼슬만한 것이 없고, 향리에서는 나이가 많은 것보다 더 나은 것이 없으며 나라 일을 잘하고 백성을 잘 다스리는 데에는 덕만한 것이 달리 없느니라."

라고 하였다.

4.

노 소 장 유　천 분 질 서
老少長幼는 天分秩序이니

불 가 패 리 이 상 도 야
不可悖理而傷道也이니라.

【註釋】

秩 차례　　　　질

· **天分**(천분) : 하늘이 정해 준 것.
· **悖理**(패리) : 도리에 어긋나다.
· **傷道**(상도) : 도덕을 해치는 것.

【對譯】

　늙은이와 젊은이, 어른과 아이는 하늘이 정한 차례이니, 올바른 이치를 어기고 도리를 상하게 해서는 안 될지니라.

5.

출 문 여 견 대 빈　　입 실 여 유 인
出門如見大賓하고 **入室如有人**이니라.

【註釋】

· **大賓**(대빈) : 큰 손님.
· **如有人**(여유인) : 사람이 있는 것같이 하라.

【對譯】

문 밖을 나설 때는 큰 손님을 만나는 것처럼 하고 방 안에
들어올 때는 안에 다른 사람이 있는 것처럼 하라.

6.
약 요 인 중 아　　　무 과 아 중 인

若要人重我면 無過我重人이니라.

【註釋】

• 要(요) : 바라다. 원하다.
• 無過(무과) : 더 나은 것이 없다.
• 重人(중인) : 타인을 중하게 여기다.

【對譯】

만약 다른 사람이 나를 중하게 여기기를 원한다면 내가 먼저
그를 중하게 여기는 것보다 더한 것이 없으리라.

7.
부 불 언 자 지 덕　　　　자 부 담 부 지 과

父不言子之德이며 子不談父之過니라.

【註釋】

• 不談(부담) : 이야기하지 않다.

• 過(과) : 허물.

【對譯】

아버지는 그 아들의 덕을 말하지 말고, 아들은 그 아버지의
허물을 말하지 않아야 하느니라.

十八 言語篇(언어편)

말이란 그 사람의 교양이나 배움의 정도를 가장 정확하게 나타내는 것이다. 그래서 이 편에는 말을 천금처럼 소중히 여기라는 금언들로 구성되어 있다.

1.

유 회 왈　　언 부 중 리　　　불 여 불 언
劉會曰, 言不中理면 不如不言이니라.

【註釋】

 劉 성　　　　　류

- **不中理**(부중리) : 이치에 맞지 않다.
- **不如**(불여) : 같지 못하다.

【對譯】

　유회가 말하기를,
　"말이 이치에 맞지 않으면 말하지 아니함만 같지 못하느니라."
라고 하였다.

2.

<ruby>一言不中<rt>일언부중</rt></ruby>이면 <ruby>千語無用<rt>천어무용</rt></ruby>이니라.

一言不中이면 千語無用이니라.

【註釋】

· **千語**(천어) : 천 마디 말.
· **無用**(무용) : 소용없다.

【對譯】

　한 마디 말이 이치에 맞지 않으면 천 마디 말도 쓸데가 없느니라.

3.

君平이 曰, 口舌者는 禍患之門이요 滅身之斧也이니라.

【註釋】

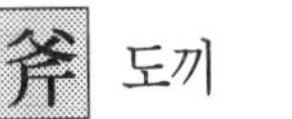 도끼　　　부

· **君平**(군평) : 인물 미상.
· **禍患**(화환) : 재앙과 근심.
· **滅身**(멸신) : 몸을 망치다.

【對譯】

군평이 말하기를,
"입과 혀는 화와 근심의 문이며, 몸을 망치는 도끼와 같은 것이니라."
라고 하였다.

4.
利人之言은 煖如綿絮하고 傷人之語는
利如荊棘하여 一言半句가 重値千金이요
一語傷人에 痛如刀割이니라.

【註釋】

• 綿絮(면서) : 솜.
• 荊棘(형극) : 가시.
• 刀割(도할) : 칼로 베다.

【對譯】

사람을 이롭게 하는 말은 그 따뜻함이 솜과 같고 사람을 상하게 하는 말은 그 날카로움이 가시와 같으므로, 한 마디 말은 그 무게가 천금과도 같고 한 마디 말이 사람을 다침은 아프기가 칼로 베는 것과도 같으니라.

5.

구 시 상 인 부　　언 시 할 설 도
口是傷人斧요 **言是割舌刀**니

폐 구 심 장 설　　안 신 처 처 로
閉口深藏舌이면 **安身處處牢**니라.

【註釋】

- **割舌刀**(할설도) : 혀를 베는 칼.
- **深藏舌**(심장설) : 혀를 깊이 감추다.
- **牢**(로) : 견고하다.

【對譯】

　　입은 사람을 다치게 하는 도끼요, 말은 혀를 베는 칼이니, 입을 막고 혀를 깊이 감추면 몸이 어느 곳에 있더라도 편안할지니라.

6.

봉 인 차 설 삼 분 화　　미 가 전 포 일 편 심
逢人且説三分話하되 未可全抛一片心이니

불 파 호 생 삼 개 구　　지 공 인 정 양 양 심
不怕虎生三個口요 只恐人情兩樣心이니라.

【註釋】

抛 던질　　　　포

虎 호랑이　　　호

- 三分話(삼분화) : 열 마디 할말이 있다면 그 가운데서 세 마디
  만 하라.
- 不怕(불파) : 두려워하지 말라.
- 兩樣心(양양심) : 두 가지 마음.

【對譯】

　사람을 만나거든 공손하게 말하되 삼분(三分)만 하고, 자기가
지니고 있는 한 조각 마음까지 다 던지지 말라. 호랑이에게 세
입이 있는 것을 두려워하기보다 오직 사람의 두 마음을 두려워
하라.

7.

주 봉 지 기 천 종 소　　화 불 투 기 일 구 다
酒逢知己千鍾少요 話不投機一句多니라.

【註釋】

· **千鍾**(천종) : 천 잔.
· **投機**(투기) : 의사가 서로 통하다.

【對譯】

　술은 지기를 만나면 천 잔도 적고, 말은 뜻이 맞지 않으면
한 마디도 많으니라.

十九 交友篇(교우편)

이 편은 우정에 관한 올바른 지침서로 인생에서 벗이 차지
하는 비중이 어느 정도인지 쉽게 알 수 있다.

1.

子曰, 與善人居면 如入芝蘭之室하여
자왈 여선인거 여입지란지실

久而不聞其香하되 卽與之化矣요
구이불문기향 즉여지화의

與不善人居면 如入鮑魚之肆하야
여불선인거 여입포어지사

久而不聞其臭하되 亦與之化矣니
구이불문기취 역여지화의

丹之所藏者는 赤하고 漆之所藏者는
단지소장자 적 칠지소장자

黑이라 是以로 君子는
흑 시이 군자

必愼其所與處者焉이니라.
필신기소여처자언

【註釋】

肆	가게	사
臭	냄새	취
藏	감출	장
漆	옻	칠

- **芝蘭之室**(지란지실) : 지초와 난초가 있는 방.
- **聞**(문) : 여기에서는 '냄새를 맡다'라는 뜻.
- **鮑魚**(포어) : 절인 생선.
- **所與處者**(소여처자) : 더불어 함께 있을 사람.

【對譯】

공자가 말씀하시기를,

"착한 사람과 함께 있으면 마치 향기로운 지초(芝草)와 난초(蘭草)가 있는 방에 들어간 것과 같아서 오랫동안 그 향기를 맡지 않아도 곧 더불어 동화되고, 착하지 않은 사람과 함께 있으면 마치 절인 생선 가게에 있는 것과 같아서 오랫동안 그 나쁜 냄새를 맡지 않아도 또한 더불어 동화된다. 단사(丹砂)를 지니면 붉어지고 옻을 지니면 검어지니, 군자는 반드시 그와 함께 있을 자를 삼가야 하느니라."

라고 하였다.

즉, 함께 있을 사람을 신중히 선택해야 한다는 것이다.

2.

가어 운 여호인동행 여무중행
家語에 云, 與好人同行이면 如霧中行하야

수 불 습 의 시 시 유 윤
雖不濕衣라도 時時有潤하고

여 무 식 인 동 행 여 측 중 좌
與無識人同行이면 如厠中坐하야

수 불 오 의 시 시 문 취
雖不汚衣라도 時時聞臭니라.

【註釋】

霧 안개 　　　무
濕 젖을 　　　습

・厠(측) : 뒷간.
・聞臭(문취) : 냄새가 나다.

【對譯】

가어에 이르기를,

'학문을 좋아하는 사람과 동행하면 마치 안개 속을 가는 것과 같아서 비록 옷은 젖지 않아도 때때로 물기가 배어 들고, 무식한 사람과 동행하면 마치 뒷간에 앉은 것과 같아서 비록 옷은 더럽혀지지 않지만 때때로 그 냄새가 나느니라.'

라고 하였다.

3.

子曰, 晏平仲은 善與人交로다

久而敬之온여.

【註釋】

• 晏平仲(안평중) : 중국 춘추시대 제(齊)나라의 재상.
• 久而敬之(구이경지) : 오랫동안 변함없이 공경하다.

【對譯】

공자가 말씀하시기를,

"안평중은 남과 사귀기를 잘한다. 한번 사귀면 오래도록 상대를 공경하였느니라."

라고 하였다.

4.

相識이 滿天下하되 知心能幾人고.

【註釋】

識 알 식

滿 가득 찰 만

· 相識(상식) : 얼굴을 서로 알다.
· 能幾人(능기인) : 몇 사람이나 되겠는가. 얼마 되지 않음.

【對譯】

서로 얼굴을 아는 사람은 세상에 가득하여도 마음속을 아는 사람은 과연 얼마나 되겠는가?

5.

酒食兄弟는 千個有로되 急難之朋은
一個無니라.

【註釋】

個 낱 개

難 어려울　　　　난

- **酒食**(주식) : 술과 음식을 먹는 것.
- **急難之朋**(급난지붕) : 위급하고 고난이 닥쳐왔을 때 서로 도울
　수 있는 친구.

【對譯】

　술과 음식을 함께 먹을 형제는 천 명이나 되지만, 매우 위급
하고 어려울 때 도와줄 친구는 한 사람도 없다.

6.

불결자화　　휴요종　　　　무의지붕
不結子花는 **休要種**이요 **無義之朋**은

불가교
不可交니라.

【註釋】

休 쉴　　　　휴

種 종자　　　　종

- **不結**(불결) : 맺지 않다.
- **子**(자) : 열매.
- **種**(종) : 여기서는 '심다'의 뜻.

【對譯】

열매를 맺지 않는 꽃은 심지 말고, 의리 없는 친구는 사귀지
말라.

7.
　　　군 자 지 교　　담 여 수　　　소 인 지 교
君子之交는 淡如水하고 小人之交는

　　감 약 예
甘若醴니라.

【註釋】

若 같을　　　　　약

• 淡(담) : 담박.
• 醴(예) : 단술.

【對譯】

군자의 사귐은 물과 같이 맑고 소인의 사귐은 단술과 같이
달콤하다.

8.
　　노 요 지 마 력　　　일 구 견 인 심
路遙知馬力이요 日久見人心이니라.

【註釋】

· **路遙**(노요) : 길이 멀다.
· **馬力**(마력) : 말의 힘.

【對譯】

　길이 멀어야 말의 힘을 알 수 있고, 세월이 오래 지나야 사람의 마음을 알 수 있느니라.

二十 婦行篇(부행편)

이 편은 부녀자의 덕에 관한 글모음이다. 한 집안의 아내가 덕을 갖추고 있으면 그 남편과 아들이 입신출세할 수 있는 기반이 된다. 그래서 이 편은 오늘의 현대 여성에게도 크게 귀감이 될 것이다.

1.

益智書에 云, 女有四德之譽하니
一曰 婦德이요 二曰 婦容이요
三曰 婦言이요 四曰 婦工也니라.

【註釋】

• 譽(예) : 아름다움.
• 婦容(부용) : 부녀자의 용모.
• 婦工(부공) : 부녀자의 솜씨.

【對譯】

익지서에 이르기를,

'여자에게는 네 가지 덕의 아름다움이 있으니 첫째는 부덕(婦德)이요, 둘째는 용모요, 셋째는 말씨요, 넷째는 솜씨이니라.'라고 하였다.

2.
婦德者는 不必才名絶異요
婦容者는 不必顔色美麗요
婦言者는 不必辯口利詞요
婦工者는 不必技巧過人也니라.

【註釋】

· 不必(불필) : 반드시 필요한 것은 아니다.
· 辯口(변구) : 말솜씨가 좋은 것.
· 利詞(이사) : 말을 잘하다.
· 過人(과인) : 남보다 뛰어나다.

【對譯】

부덕이라는 것은 반드시 재주 있다고 평판이 뛰어남을 말하

는 것이 아니요, 용모는 반드시 얼굴이 곱다고 아름다움이 아
니요, 말씨는 반드시 입담이 좋아 말을 잘함이 아니요, 솜씨는
반드시 손재주가 다른 사람보다 뛰어남을 말하는 것이 아니
니라.

3.

其婦德者는 淸貞廉節하여 守分整齊하고

行止有恥하야 動靜有法이니 此爲婦德也요

婦容者는 洗浣塵垢하여 依服鮮潔하여

沐浴及時하여 一身無穢니 此爲婦容也요

婦言者는 擇師而說하여 不談非禮하고

時然後言하여 人不厭其言이니

此爲婦言也요 婦工者는 專勤紡績하고

勿好暈酒하며 供具甘旨하여 以奉賓客이니

此爲婦工也니라.

【註釋】

整 정돈할　　　정

垢 더러울　　　구

· 洗浣(세완) : 옷을 씻다.
· 擇師而說(택사이설) : 다른 사람에게 본이 될 만한 말을 가려
　　서 하는 것.
· 醞酒(온주) : 술 빚는 것.
· 甘旨(감지) : 맛있는 음식.
· 奉(봉) : 대접하다.

【對譯】

　부덕이라는 것은 마음이 맑고 절개가 곧으며, 염치 있고 절
도가 있어 몸가짐을 고르게 하며, 행동거지에 수줍음이 있고,
동정에 법도가 있는 것이니 이것이 곧 부덕이다.

　부용이라는 것은 먼지나 때를 깨끗이 씻어 옷차림을 청결하
게 하며, 목욕을 제때에 하여 몸에 더러움이 없는 것이니 이것
이 부용이다.

　부언이라는 것은 남이 본받을 만한 말을 가려서 하고, 예의
에 어긋나는 말을 하지 말며, 마땅히 해야 할 때에 말해서 사
람들이 그 말을 싫어하지 않는 것이니 이것이 바로 부언이다.

　부공이라는 것은 길쌈을 부지런히 하며, 술 빚기를 좋아하지
말고 좋은 맛을 갖추어서 손님을 대접하는 것이니 이것이 바로
부공이니라.

4.

차사덕자 　시부인지소불가결자
此四德者는 是婦人之所不可缺者라

위지심이 　무지재정 　의차이행
爲之甚易하고 務之在正하니 依此而行이면

시위부절
是爲婦節이니라.

【註釋】

• **不可缺**(불가결) : 없어서는 안 되다.
• **爲之甚易**(위지심이) : 실천에 옮기기가 아주 쉽다.
• **婦節**(부절) : 부녀자의 범절.

【對譯】

　이 네 가지 덕은 부녀자로서 하나도 빠져서는 안 될 것이다. 행하기 매우 쉽고 이를 힘씀이 바른 데 있으니, 이에 의하여 나간다면 이것이 바로 부녀자로서의 범절이 되느니라.

5.

<ruby>太<rt>태</rt></ruby><ruby>公<rt>공</rt></ruby>이 <ruby>曰<rt>왈</rt></ruby>, <ruby>婦<rt>부</rt></ruby><ruby>人<rt>인</rt></ruby><ruby>之<rt>지</rt></ruby><ruby>禮<rt>예</rt></ruby>는 <ruby>語<rt>어</rt></ruby><ruby>必<rt>필</rt></ruby><ruby>細<rt>세</rt></ruby>니라.

【註釋】

婦　아내　　　부

細　가늘　　　세

• 語必細(어필세) : 말이 반드시 곱고 가늘어야 한다.

【對譯】

　태공이 말하기를,
　"부인의 예절은 그 말이 반드시 곱고 가늘어야 하느니라."
라고 하였다.

6.

<ruby>賢<rt>현</rt></ruby><ruby>婦<rt>부</rt></ruby>는 <ruby>令<rt>영</rt></ruby><ruby>夫<rt>부</rt></ruby><ruby>貴<rt>귀</rt></ruby>요 <ruby>惡<rt>악</rt></ruby><ruby>婦<rt>부</rt></ruby>는 <ruby>令<rt>영</rt></ruby><ruby>夫<rt>부</rt></ruby><ruby>賤<rt>천</rt></ruby>이니라.

【註釋】

貴　귀할　　　귀

• 賢婦(현부) : 어진 아내.
• 令夫賤(영부천) : 남편을 천하게 만든다.

【對譯】

어진 아내는 남편을 귀하게 만들고, 악한 아내는 남편을 천하게 만든다.

7.

家有賢妻면 夫不遭橫禍니라.

가 유 현 처   부 부 조 횡 화

【註釋】

• 不遭(부조) : 만나지 않다.
• 橫禍(횡화) : 뜻밖의 재앙.

【對譯】

집안에 어진 아내가 있으면 남편이 뜻밖의 화를 만나지 않느니라.

8.

賢婦는 和六親하고 佞婦는 破六親이니라.

현 부   화 육 친   영 부   파 육 친

【註釋】

破 깨뜨릴 　파

· **六親**(육친) : 가까운 친척.
· **佞婦**(영부) : 간악한 아내.

【對譯】

　어진 아내는 육친(六親)을 화목하게 하고, 간악한 아내는 육친의 화목을 깨뜨리느니라.

二十一 | 增補篇(증보편)

이 증보편에서부터 팔반가·효행편의 속편·염의편은 후세 사람이 보충한 것이다. 인간이 선한 행실을 쌓았을 때 돌아올 인과응보에 관한 기록문이다.

1.

주역 왈 선부적 부족이성명
周易에 曰, 善不積이면 不足以成名이요

악부적 부족이멸신 소인
惡不積이면 不足以滅身이어늘 小人은

이소선 위무익이불위야
以小善으로 爲无益而弗爲也하고

이소악 위무상이불거야 고
以小惡으로 爲无傷而弗去也니라 故로

악적이불가엄 죄대이불가해
惡積而不可掩이요 罪大而不可解이니라.

【註釋】

· 周易(주역) : 중국 고전인 오경(五經)의 하나. 역경(易經)이라고

　　도 한다.

· 滅身(멸신) : 몸을 망치다.
· 无(무) : 무(無)의 고자(古字).

【對譯】

　　주역에 이르기를,

　　'착한 일을 쌓지 않으면 족히 이름을 이룰 수 없고, 악한 일을 쌓지 않으면 몸을 망치기에 족히 못하거늘, 소인은 작은 선으로서는 이로움이 없다고 하여 행하지 않고, 작은 악으로서는 해로움이 없다고 하여 버리지 않는다. 그러므로 악이 쌓이면 없앨 수 없고, 죄가 크면 풀지 못하게 되느니라.'
라고 하였다.

2.

履霜하면 堅氷至라 하니 臣弑其君하며
子弑其父非一旦一夕之事이라
其由來者漸矣니라.

【註釋】

· 弑(시) : 자식이 아비를 죽이거나 신하가 임금을 죽이는 것.
· 一旦一夕(일단일석) : 하루아침이나 하룻저녁.

【對譯】

　서리를 밟을 때가 되면 굳은 얼음이 얼 때가 올지니, 신하가 그 임금을 죽이고 자식이 그 아비를 죽이는 것은 하루아침이나 하룻저녁에 되는 일이 아니라, 오래 전부터 그 까닭이 점점 다가온 때문이니라.

<table><tr><td>二十二</td><td>八反歌(팔반가)</td></tr></table>

　이 편에는 여덟 편의 반어적(反語的)인 노래를 담고 있다. 즉, 효(孝)에 관한 것이다. 제 자식은 끔찍하게 아끼고 사랑하면서도 부모에게는 소홀한 여덟 가지의 예를 들어 그 경계로 삼고 있다.

1.

유아혹리아　　아심　각환희
幼兒或詈我하면 我心에 覺懽喜하고

부모진노아　　아심　반불감　　일희
父母嗔怒我하면 我心에 反不甘이라 一喜

환일불감　　대아대부심하현　　권군금
懽一不甘하니 待兒待父心何懸고 勸君今

일봉친노　　야응장친작아간
日逢親怒어든 也應將親作兒看이니라.

【註釋】

· 詈(이) : 꾸짖다.
· 嗔怒(진노) : 화를 내다.

- 反(반) : 도리어.
- 懸(현) : 차이가 큰 것.
- 也應(야응) : 또한 ~인 것처럼 하라.
- 作兒看(작아간) : 아이처럼 보라.

【對譯】

어린아이가 혹시 나를 꾸짖으면 내 마음은 기쁨을 느끼고, 부모가 나에게 화를 내면 나의 마음은 도리어 언짢아진다. 한쪽은 기쁘고 한쪽은 언짢으니, 아이를 대하는 마음과 부모를 대하는 마음이 어찌 이다지도 다른가. 그대에게 권하노니, 오늘 어버이의 노여움을 만나거든 어버이도 아이대하듯 하는 마음으로 볼지니라.

2.
아 조 출 천 언 　 군 청 상 불 염
兒曹는 出千言하되 君聽常不厭하고
부 모 　 일 개 구 　 편 도 다 한 관
父母는 一開口하면 便道多閑管이라
비 한 관 친 괘 견 　 호 수 백 두
非閑管親掛牽이라 皓首白頭에
다 암 간 　 권 군 경 봉 노 인 언
多諳諫이라 勸君敬奉老人言하고
막 교 유 구 쟁 장 단
莫敎乳口爭長短하라.

【註釋】

- **兒曹**(아조) : 어린 자식들.
- **道**(도) : 말하다.
- **閑管**(한관) : 쓸데없이 남의 일에 간섭하다.
- **掛牽**(괘견) : 걱정하다.
- **皓首**(호수) : 머리털이 하얗게 센 것.
- **諳諫**(암간) : 도움이 되는 말.
- **乳口**(유구) : 젖내 나는 입.

【對譯】

어린 자식들은 많은 말을 하지만, 그대는 항상 듣기를 지겨워하지 않는데 부모는 한 번 말을 하여도 잔소리가 많다고 여긴다. 그러나 이는 쓸데없는 것이 아니니 부모는 근심이 되어서 그리하는 것이다. 부모는 흰머리가 되도록 긴 세월에 아는 것이 많으니라. 그대에게 권하노니 늙은이의 말을 공경하고 받들며, 그 가르침을 젖내 나는 입으로 옳거니 그르거니 하지 말라.

3.

乳兒尿糞穢는 君心에 無厭忌로되
유 아 뇨 분 예　군 심　무 염 기

老親涕唾零에 反有憎嫌意니라
노 친 체 타 령　반 유 증 혐 의

六尺軀來何處요 父精母血成汝體라
육 척 구 래 하 처　부 정 모 혈 성 여 체

勸君敬待老來人하라 壯時爲爾筋骨敝니라.
권 군 경 대 노 래 인　장 시 위 이 근 골 폐

【註釋】

糞　똥　　　　　분

穢　더러울　　　예

憎　미워할　　　증

• 涕唾零(체타령) : 눈물과 침이 떨어지는 것.
• 父精(부정) : 아버지의 정기.
• 筋骨敝(근골폐) : 힘줄과 뼈가 닳아빠지다.

【對譯】

　어린아이의 오줌과 똥 같은 더러운 것은 그대 마음에 싫어하지도 꺼리지도 않으면서, 늙은 어버이의 눈물과 침이 떨어지는 것은 도리어 미워하고 싫어하는구나. 그대의 여섯 자나 되는 몸이 어디에서 왔는가. 아버지의 정기와 어머니의 피로써 그대

의 몸은 이루어졌도다. 그대에게 권하노니, 늙어가는 사람을 공
경하고 대접하라. 그들은 젊었을 때 그대를 위하여 힘줄과 뼈
가 닳도록 애쓰셨느니라.

4.

看君晨入市하여 買餅又買餻하니

少聞供父母하고 多說供兒曹라

親未啖兒先飽하니 子心이 不比親心好라

勸君多出買餅錢하여 供養白頭光陰少하라.

【註釋】

飽 배부를　　　　　포

餅 떡　　　　　　　병

- **餅**(병) : 밀가루 떡.
- **餻**(고) : 흰떡.
- **小聞**(소문) : 별로 듣지 못했다.
- **多說**(다설) : 말을 많이 하다.
- **啖**(담) : 씹다.
- **光陰少**(광음소) : 시간이 얼마 남지 않은 것.

【對譯】

그대가 새벽에 저자에 가서 밀가루 떡과 흰떡을 사는 것을 보긴 했으나 어버이께 드린다는 말은 별로 듣지 못하였고 대개는 자식에게 준다는 말을 들었다. 어버이는 아직 삼키지도 않았는데 아이는 벌써 배가 부르니, 자식의 마음을 어버이의 마음이 좋아하는 것에 비하지 못하리라. 그대에게 권하노니, 떡 살 돈을 많이 내어 사실 날도 얼마 남지 않은 늙은 어버이를 잘 받들어 봉양하라.

5.

市間賣藥肆에 惟有肥兒丸하고

未有壯親者하니 何故兩般看고

兒亦病親亦病에 醫兒不比醫親症이라

割股라도 還是親的肉이니

勸君亟保雙親命하라.

【註釋】

肥 살찔   비

· **賣藥肆**(매약사) : 약 파는 가게. 약국.
· **兩般**(양반) : 두 가지.
· **割股**(할고) : 다리의 살을 베어내다.
· **亟保**(극보) : 극진히 보살피는 것.

【對譯】

　시중의 약장수에게는 오직 아이를 살찌게 하는 약은 있으나 어버이를 튼튼하게 할 약은 없네. 왜 이 두 가지를 차별하는가. 아이도 병들고 어버이도 또한 병들었는데, 아이 고치는 일을 어버이 고치는 일과 비교할 것인가. 다리를 베더라도 그것은 어버이의 살이다. 그대에게 권하노니, 서둘러 어버이의 목숨을 극진히 보중하라.

6.
富貴엔 養親易로되 親常有未安하고
貧賤엔 養兒難하되 兒不受饑寒이라
一條心兩條路에 爲兒終不如爲父라
勸君兩親은 如養兒하고 凡事를
莫推家不富하라.

【註釋】

• 未安(미안) : 마음이 편안치 못함.
• 兩條路(양조로) : 두 갈래 길.
• 莫推(막추) : 뒤로 미루지 말라.

【對譯】

부귀할 때는 부모를 봉양하기 쉬우나 부모는 항상 미안한 마음이 있고, 빈천할 때는 아이 기르기에는 어려우나 아이는 굶주리고 춥지는 않다. 한 가지 마음에 두 갈래 길이지만, 아이를 위함은 끝내 어버이를 위함과 같지 않다. 그대에게 권하노니, 어버이 모시기를 아이 기르듯이 하라. 모든 것을 집안이 넉넉하지 못해서 그렇다고 미루지 말라.

7.

養親엔 只有二人이로되 常與兄弟爭하고
養兒엔 雖十人이나 君皆獨自任이라
兒飽煖親常問하되 父母饑寒不在心이라
勸君養親을 須竭力하라 當初衣食이
被君侵이니라.

【註釋】

常	항상	상
爭	다툴	쟁
誰	누구	수
皆	모두	개
被	입을	피
侵	침노할	침
饑	주릴	기
須	모름지기	수

· 獨自任(독자임) : 혼자서 스스로 떠맡는 것.
· 飽煖(포난) : 배부르고 따뜻한 것.

【對譯】

　어버이를 봉양하는 것은 단 두 분뿐인데도 언제나 형과 아우는 이를 두고 다투고, 아이를 기르는 것은 비록 열 명이더라도 모두 자기 혼자 떠맡는다. 아이가 배부르고 따뜻한지는 언제나 물어보면서도 어버이의 배고프고 추운 것은 마음에 두지 않는다. 그대에게 권하노니, 어버이 받들고 섬김에 모름지기 힘을 다하여라. 그들은 그대를 기를 때 옷과 먹을 것을 그대에게 빼앗겼느니라.

8.

親有十分慈하되 君不念其恩하고
친 유 십 분 자　　君 불 념 기 은

兒有一分孝하되 君就揚其名이라
아 유 일 분 효　　군 취 양 기 명

待親暗待兒明하니 誰識高堂養子心하고
대 친 암 대 아 명　　수 식 고 당 양 자 심

勸君漫信兒曹孝하라
권 군 만 신 아 조 효

兒曹親子在君身이니라.
아 조 친 자 재 군 신

【註釋】

揚　날릴　　　양

勸　권할　　　권

·待親暗(대친암) : 부모를 대하는 것이 어둡다.
·高堂(고당) : 부모.
·漫信(만신) : 부질없이 믿다.
·君身(군신) : 그대의 몸.

【對譯】

　어버이의 사랑이 빈틈없이 가득 찼는데도 그대는 그 은혜를
생각지 않으면서, 아이가 조금이라도 효도함이 있으면 그대는

곧 그 이름을 빛내려 한다. 어버이를 대접하는 것은 어둡고 자
식을 대하는 것은 밝으니, 어버이가 자식 기르는 마음을 누가
알겠는가. 그대에게 권하노니, 부질없이 아이들의 효도를 믿지
말라. 아이들이 어버이를 자기 자식과 같이 사랑함은 바로 그
대에게 달렸느니라.

二十三 | 續(속) 孝行篇(효행편)

이 편은 효자·효부의 실례와 일화를 들어서 효도할 것을
가르치는 글이다.

1.

孫順이 家貧하여 與其妻로

傭作人家以養母할새 有兒每奪母食이라

順이 謂妻曰, 兒奪母食하니

兒는 可得이어니와 母難再求라 하고

乃負兒往歸醉山北郊하여 欲埋掘地러니

忽有甚奇石鐘이어늘 驚怪試撞之하니

春容可愛라 妻曰, 得此奇物은

태아지복　　　　매지불가
殆兒之福이라 埋之不可라 하니

순　이위연　　　장아여종환가
順이 以爲然하여 將兒與鐘還家하여

현어량당지　　　왕　문종성
懸於樑撞之러니 王이 聞鐘聲이

청원이상이핵문기실　　왈 석
清遠異常而覈聞其實하고 曰, 昔에

곽거매자　천사금부　　금손순
郭巨埋子엔 天賜金釜러니 今孫順이

매아　지출석종　　전후부동
埋兒엔 地出石鐘하니 前後符同이라 하고

사가일구　세급미오십석
賜家一區하고 歲給米五十石하니라.

【註釋】

奪	빼앗을		탈
掘	팔		굴
樑	들보		량

• 孫順(손순) : 신라 모량리(牟梁里) 사람. 경주 손씨의 시조.
• 傭作(용작) : 고용인이 되다.
• 警怪(경괴) : 놀랍고 기이한 것.

- **試撞之**(시당지) : 시험삼아 두드려 보다.
- **舂容**(용용) : 울리는 소리.
- **郭巨**(곽거) : 중국 진(晉)나라 때의 사람으로, 중국의 대효자 중
  의 한 사람.
- **歲給**(세급) : 매년 주는 것.

【對譯】

　손순이 집이 가난하여 그 아내와 함께 남의 집 머슴살이를
하며 그 어머니를 봉양했다. 그런데 그들에게 아이가 있어 언
제나 어머니가 잡수시는 것을 빼앗는지라, 순이 아내에게 일러
말하기를, "아이가 어머니의 잡수시는 것을 빼앗으니, 아이는
또 얻을 수 있거니와 어머니는 다시 구하기가 어렵소." 하였다.

　할 수 없이 마침내 아이를 업고 취산 북쪽으로 가서 묻으려
고 땅을 팠더니 홀연히 매우 이상한 돌종이 나왔다. 놀랍고 이
상히 여겨 시험삼아 두드려 보니 그 소리가 아름답고 사랑스러
웠다.

　아내가 말하기를, "이같이 기이한 물건을 얻은 것은 아이의
복이니 아이를 묻어서는 안 됩니다."고 하였다. 순도 그렇게 생
각하고 아이와 돌종을 가지고 집으로 돌아와서 종을 대들보에
달고 이것을 울렸다.

　왕은 멀리서 들려오는 종소리를 듣고 이상히 여겨 조사하도
록 하고 그 사실을 듣자 말하기를 "옛날에 곽거가 아들을 땅에
묻었을 때에는 하늘이 금으로 만든 솥을 내리셨는데, 이제 손순
이 아들을 묻자 땅에서 돌종이 나왔으니 앞뒤가 서로 꼭 맞는
구나." 하고 그들에게 집 한 채와 해마다 쌀 오십 석을 주었다.

2.

尚德은 値年荒癘疫하여 父母飢病濱死라

尚德이 日夜不解衣하고 盡誠安慰하되

無以爲養則割髀肉食之하고 母發癰에

吮之卽癒라 王이 嘉之하여 賜賚甚厚하고

命旌其門하고 立石紀事하니라.

【註釋】

慰 위로할 위

癒 병 나을 유

• 尙德(상덕) : 신라 때의 효자.
• 値(치) : 당하여, 만나서.
• 癘疫(여역) : 전염병이 유행하다.
• 濱死(빈사) : 거의 죽게 된 상태.
• 賜賚(사뢰) : 임금이 은사를 내려주는 것.

【對譯】

상덕은 흉년과 열병이 유행하는 때를 만나서 그의 부모가 굶주리고 병이 들어 거의 죽게 되자, 밤낮으로 옷을 벗지 않고 정성을 다하여 편안하게 해 드리고 위로해 드렸다. 또한 봉양할 것이 없으면 자기의 넓적다리 살을 베어 잡수시게 하고, 어머니께서 종기가 나자 입으로 빨아서 낫게 했다. 임금이 이 말을 듣고, 어여삐 여겨 재물을 후하게 내리고, 또 그 집에 표창하는 뜻으로 정문(旌門)을 기록하게 하였다.

3.

都氏家貧至孝라 賣炭買肉하여

無闕母饌이러라 一日은 於市에

晚而忙歸러니 鳶忽攫肉이어늘

都悲號至家하니 鳶旣投肉於庭이러라

一日母病索非時之紅柿어늘

都彷徨柿林하여 不覺日昏이러니

有虎屢遮前路하고 以示乘意라

都乘至百餘里山村하여

訪人家投宿이러니 俄而主人이

饋祭飯而有紅柿라 都喜問柿之來歷하고

且述己意한대 答曰, 亡父嗜柿 故로

每秋擇柿二百個하여 藏諸窟中而

지 차 오 월 즉 완 자 불 과 칠 팔
至此五月則完者不過七八이라가

금 득 오 십 개 완 자 고 심 이 지
今得五十個完者 故로 心異之러니

시 천 감 군 효 유 이 이 십 과
是天感君孝라 하고 遺以二十顆어늘

도 사 출 문 외 호 상 사 복
都謝出門外하니 虎尚俟伏이라

승 지 가 효 계 악 악 후
乘至家하니 曉鷄喔喔이러라 後에

모 이 천 명 종 도 유 혈 루
母以天命으로 終에 都有血淚러라.

【註釋】

炭 숯　　　　　　탄
饌 반찬　　　　　찬
攫 후려칠　　　　확
鳶 연　　　　　　연

• 都氏(도씨) : 철종(哲宗) 때 사람으로 효행이 높았음.

• 無闕(무궐) : 빠짐이 없음.

• 饋(궤) : 대접하다.

• 俟伏(사복) : 누워서 기다리다.

• 喔喔(악악) : 닭의 울음소리를 나타내는 말.

【對譯】

도씨는 비록 집은 가난하였으나 효성이 지극하였다. 숯을 팔아서 고기를 사다가 빠뜨리지 않고 어머니의 반찬을 만들었다. 어느 날 장에서 늦게 바삐 돌아오는데 솔개가 별안간 고기를 채어 갔다. 도씨가 슬피 울며 집에 돌아와 보니, 솔개가 이미 그 고기를 집 안 뜰에 던져놓은 것이 보였다.

하루는 그 어머니가 병이 들어 때아닌 홍시를 찾았다. 도씨는 날이 저문 것도 모른 채 감나무 숲을 헤매고 있었는데, 호랑이가 나타나서 앞길을 가로막으며 올라타라는 시늉을 했다. 도씨는 호랑이를 타고 백여 리나 되는 산동네에 이르렀다.

밤이 되어 사람 사는 집을 찾아 자려고 하였는데 얼마 안 되어 주인이 제삿밥을 차려 주는데 보니 홍시가 있었다. 도씨는 기뻐하며 감의 내력을 묻고 또 자기의 뜻을 말하였다.

주인이 대답하기를, 돌아가신 아버지께서 감을 즐기셨으므로 해마다 가을이 되면 2백 개를 가려 굴 안에 간직해 두는데 5월이 되면 이 중 상하지 않은 것이 7, 8개에 지나지 않았다. 그런데 이번에는 상하지 않은 감을 쉰 개나 얻었으므로 이상하게 여겼더니 이것은 곧 하늘이 그대의 효성에 감동한 것이라고 하며, 스무 개의 감을 내어 주었다.

도씨가 감사의 뜻을 전하고 문 밖을 나오니 호랑이는 아직도 누워서 그를 기다리고 있었다. 호랑이를 타고 집에 오니 새벽 닭이 울었다. 후에 어머니가 천명을 다하고 돌아가시자 도씨는 피눈물을 흘렸다.

二十四 | 勸學篇(권학편)

   이 편에는 소년들이 짧은 시간이라도 아껴서 열심히 공부
에 힘쓰라는 내용의 글을 모았다.

1.

주자왈 물위금일불학이유래일
朱子曰, 勿謂今日不學而有來日하며

물위금년불학이유래년　　일월서의
勿謂今年不學而有來年하라 日月逝矣나

세불아연　　　오호노의　　시수지건
歲不我延이니 嗚呼老矣라 是誰之愆고.

【註釋】

逝 갈　　　　서

嗚 까마귀　　오

· 勿謂(물위) : 말하지 말라.

· 愆(건) : 허물.

【對譯】

　주자가 말씀하시기를,

　"오늘 배우지 아니하고서 내일이 있다고 말하지 말며, 올해에 배우지 아니하고서 내년이 있다고 말하지 말라. 날과 달은 흐르니 세월은 나를 위해서 더디 가지 않는다. 아! 늙었도다. 이 누구의 허물인고."
라고 하였다.

2.

小年은 易老하고 學難成하니

一寸光陰이라도 不可輕하리 未覺池塘에

春草夢인대 階前梧葉이 已秋聲이라.

【註釋】

陰	그늘	음
輕	가벼울	경
階	층계	계
秋	가을	추
聲	소리	성

- **易老**(이노) : 늙기 쉽다.
- **未覺**(미각) : 아직 깨어나지 않았다.
- **池塘**(지당) : 못 둑. 못가.
- **梧葉**(오엽) : 오동나무 잎사귀.

【對譯】

소년은 늙기 쉽고 학문은 이루기 어려우니 짧은 시간이라도 가벼이 여기지 마라. 아직 못가의 봄풀은 꿈에서 깨어나지 않았는데 어느덧 세월은 허탈하게 빨리 흘러 섬돌 앞의 오동나무는 벌써 가을 소리를 내느니라.

3.

> 陶淵明詩에 云, 盛年은 不重來하고
> 一日은 難再晨이니 及時當勉勵하라
> 歲月은 不待人이니라.

【註釋】

陶	질그릇	도
淵	연못	연
盛	성할	성
勉	힘쓸	면
勵	권면할	려

- 陶淵明(도연명) : 동진(東晉)의 시인으로 이름은 잠(潛).
- 難再晨(난재신) : 새벽은 두 번 오지 않는다.
- 不待人(부대인) : 사람을 기다리지 않는다.

【對譯】

도연명의 시에 이르기를,

'젊은 시절은 두 번 거듭 오지 아니하고 하루에 새벽도 두 번 있지 않으니 젊었을 때에 마땅히 학문에 힘쓰라. 세월은 사

람을 기다리지 않느니라.'
라고 하였다.

4.

^{순 자 왈} ^{부 적 규 보} ^{무 이 지 천 리}
筍子曰, 不積頣步면 無以至千里요

^{부 적 소 류} ^{무 이 성 강 하}
不積小流면 無以成江河니라.

【註釋】

筍 죽순 순

積 쌓을 적

流 흐를 류

• 不積頣步(부적규보) : 반 걸음을 쌓지 않는다.
• 無以成江河(무이성강하) : 강이나 하천을 이룩하지 못할 것
  이다.

【對譯】

　순자가 말씀하시기를,
　"반 걸음 쌓지 않으면 천리에 이르지 못할 것이요, 작게 흐르
는 물이 모이지 않으면 강이나 하천을 이룩하지 못할 것이니라."
라고 하셨다.

신영 처세선서

카 네 기	인생론	데일 카네기
	출세론	도로시 카네기
	지도론	데일 카네기
	대화술	데일 카네기
	처세론	데일 카네기
	자서전	앤드류 카네기

카네기 인생론

삶에 대한 모든 물음, 그것은 각자 스스로 살아가면서 그때그때의 경험에 의해 체득해 갈 수밖에 없다. 삶에 대한 어떠한 설명도 각자의 지침이 되기에는 어렵기 때문이다. 이 책에서는 지침이 되기 보다는 단지 조금의 도움이 될 귀중한 방법들이 안내되어 있다.

카네기 출세론

삶에 충실한다는 것, 아내가 내조를 잘 한다는 것. 그것은 한 사람을 성공시키는 데 대단한 영향을 미친다.이 세상에는 많은 아내들이 있지만 그들이 모두 올바른 태도를 지니고 있는 것만은 아니므로 그들이 나아가야 할 바를 제시하고 있다.

카네기 지도론

참다운 지도는 함께 나아가는 것이다. 무엇을 제시하거나 지시하기 전에 그가 무엇을 하고자 하는지 알아서 그것을 이끌어 주고 또 이루어지도록 함께 노력하는 것이다.

카네기, 그는 미국의 실업가이자 강철왕이다. 그는 1853년 스코틀랜드에서 출생해 1948년 산업혁명 때 미국으로 건너와 전신기사 및 펜실베니아 철도 감독을 거쳐 피츠버그에서 제철업을 경영하고 홈스테드에서 제광업을 시작한 것이 발전하여 1900년에는 철광산 외에 해탄로, 수송선, 철도 등도 지배하게 되었으며 베세머 제강법을 채용하여 강철업에 성공 미국 강철의 4분의 1을 지배하는 대회사로 성장했다. 그 뒤 막대한 재산으로 카네기 재단을 설립하여 도서관 건설, 과학 연구, 사회 사업 등에 출자, 사회에 큰 공헌을 했다.

카네기 대화술

언어란 의사소통 도구이다. 올바른 언어 선택은 의사소통을 보다 원활하게 한다. 훌륭한 대화는 원만한 인간관계의 척도이므로 자신감을 가지고 대화에 임하는 방법을 제시했다.

카네기 처세론

최고의 처세라는 것은 우선 최선의 목표를 정하고 그 성취에 이르는 길을 닦는 것이다. 거기에서 자기를 세우고 삶을 키워내고 세상을 이끌어 갈 힘을 닦는 것이다.

카네기 자서전

커다란 불꽃은 온누리를 비춘다. 그러나 멀리 있는 불빛보다 우리 앞을 비추고 있는 작은 불빛이 우리의 일상을 잘 비추는 법이다. 앤드류 카네기의 삶은 바로 우리의 일상을 비춰주는 커다란 불빛이다.

청학동 명심보감

1997년 6월 20일 1판 1쇄 인쇄
1997년 6월 30일 1판 1쇄 발행
2014년 4월 10일 2판 2쇄 발행

편저/김승호
펴낸이/김영길
펴낸곳/도서출판 선영사
주소/서울시 마포구 서교동 485-14 영진싱가 지층
전화/(02)338-8231,
(02)338-8232
팩시밀리/(02)338-8233
등록/제02-01-51호 (1983년 6월 29일)

ISBN 978-89-7558-194-6   03700